FUTBOLISTAS

EL CLUB DE LOS 100 LATINOS

Ediciones B
GRUPO ZETA

Barcelona • Bogotá • Buenos Aires • Caracas • Madrid • México D.F. • Montevideo • Quito • Santiago de Chile

1.ª edición: mayo 2007

© 2007. Mónica Maristain

© 2007. Andrea Staccioli
www.insidefoto.com / andrea.staccioli@insidefoto.com

© 2006. Ediciones B México, S.A. de C.V.
Bradley 52, Colonia Anzures. 11590, México, D.F.
www.edicionesb.com
www.edicionesb.com.mx

Futbolistas. El club de los 100. Volumen II.
Diseño: TYPE
Maquetación: TYPE / Rafael Gómez Ayala

ISBN: 978-970-710-251-4

Impreso por Imprelibros S.A. de C.V.

FUTBOLISTAS
EL CLUB DE LOS 100 LATINOS

MÓNICA MARISTAIN
ANDREA STACCIOLI

PRÓLOGO

Alonso Arreola

Yo siempre le presto atención a Mónica Maristain. Ella sabe lo que dice, incluso cuando dice "distancias" (como formulaba mi abuela) o cuando simplemente provoca (porque le fascina provocar). Le pongo atención, además, por lo que señalaba su coterráneo Jorge Luis Borges: "Las distinciones verbales deberían ser tenidas en cuenta, puesto que representan distinciones mentales, intelectuales". Esto significa que lo dicho no solo revela fondos, sino también formas de pensamiento. Y Maristain ejerce el misterioso oficio de pensar entendiendo que decir y escribir también pueden ser abrir, callar, cerrar, llenar, vaciar, atraer y sobre todo enamorar. Porque esa es la verdadera razón que me hace prologar casi a ciegas un libro sobre fútbol: Maristáin, como Staccioli —según se siente a través de su afectuoso y elocuente ojo—, viven persiguiendo el amor. Todo lo demás es mero pretexto.

Ahora, cuando digo que prologo "casi a ciegas", no se crea el lector que pierde el tiempo tratando con la ignorancia. Soy un músico escribiente, pero antes soy latino y, como todos los latinos, inevitable e irremediablemente sé de fútbol; paso los canales de la televisión y cuando el verde interrumpe de golpe mis huesos metacarpianos, entonces lo que espero ansioso es encontrarme con el momento pasajero de la gracia. Esa misma de San Juan de la Cruz, Fernando Pessoa y Vicente Huidobro; esa misma de Caetano Veloso y de Rufino Tamayo; esa misma de Astor Piazzolla, de Alain Ducasse... Porque el fútbol latino existe para dejarse hallar por la gracia que dormita en los sentidos, aguardando la formación de nuevos nombres.

Latino que lucha, que apresa a su libertad, que caza la elegancia. Sí, me refiero al fútbolista latino porque el anglosajón piensa en el balón cual héroe en potencia, y el germano cual héroe consumado; el asiático parece no pensarlo siquiera y el africano solo exhibe sentirlo. Eslavos y bálticos sugieren algo cuyo nombre ignoran, cuando celtas, helénicos e índicos parecen buscar a Dios sobre la cancha. El latino, en cambio, ve la pelota como quien mira pirámides, templos romanos, océanos o cordilleras, pero sabiendo que tras ella hay una vida sencilla con quesos y ensaladas y salsas y vinos, gozosa para sí y para los suyos. El fútbolista latino, qué le vamos a hacer, huye del barrio para llegar al barrio no importando que se llame Estadio Azteca, Maracaná, San Ciro, Bernabéu o Parque de los Príncipes. Así, convertido en plebeyo por segunda vez, el latino dribla con la certeza de que a la hora del pasto olvidará todo y a todos, pues solo entonces conquistará su gallardía —incluso vestido de ladrón, canalla, mercachifle o cínico actor de telenovela.

Ahí están las muchas verbigracias: Hugo y sus chilenas, Zizou y su danza contemporánea, Ronaldo y su Fénix Gordo, Maldini y su liderazgo contenido, Figo y su caballo invisible, Francescoli y su pisada, Maradona y El Gol..., ejemplo máximo de la gracia latina que, ahí donde hay fieles sedientos de belleza, erige catedrales.

Lo mejor, empero, es que —como también le gusta decir a Mónica Maristain entre poemas y canciones y perros y gatos y goles— al final todos "hacemos lo que podemos, lo mejor que podemos". Así de simple tratamos de ser felices. Y este libro ayuda a serlo. De eso trata *El club de los 100 latinos*; de una forma amorosa de persecución y hallazgo a la que me sumo gustoso desde la grada para escuchar lo que doscientas piernas conversan —gracias al grito silencioso de Staccioli y a la oficiosa inteligencia de su colega— sobre nuestra vida misma como latinos que adoptan su lugar en el mundo lo mejor que pueden, pero siempre con gracia.

CIUDAD DE MÉXICO, MARZO DE 2007

INTRODUCCIÓN

MÓNICA MARISTAIN

En un tiempo del mundo que a una gran mayoría nos ha hecho extranjera, ¿qué significa ser latino? ¿Es la latinidad un concepto moderno, una nueva línea de fuga hacia ese paraíso del poder consistente en fichar, marcar y clasificar las porciones de gente que habitan el gran planeta trágico?

"Pero yo soy latino, ¿apareceré en el libro?", fue lo primero que me dijo Staccioli cuando le propuse la confección de este nuevo y nuestro *Club de los 100*. No está mal: los nacidos en los sesenta hemos todavía crecido sin la percepción de la tribu racial que el último muro (el de Buuushhhh) ha intentado perpetuar con la osadía criminal que desafortunadamente tenemos ya bien padecida. Tiene razón Andrea; después de todo él nació en la eterna y bella Roma, la ciudad europea cuna de la civilización latina.

Entonces, me gusta pensar en los latinos que pueblan este libro como en "los nuestros", copiada esta idea de aquella pergeñada por Luis Harss en la obra de 1968 que dio cuenta del *boom* y lo limpió de sospechas editoriales espurias.

Los nuestros son los de acá, los vecinos, los que vimos crecer y hacerse hombres, en este caso hombres jugadores de fútbol.

Sus historias, que distan mucho de parecerse a las de los cuentos de hadas, son en cierta medida parecidas a las nuestras, aunque ya quisiéramos nosotros tener un registro en el que los goles hechos superen a los recibidos.

En el medio de esto se encuentra el fútbol y atravesado además por la única virtud que reconocemos propia: la pasión del fútbol según nosotros. Que no es mucho tal vez para la otredad, pero que en nuestro universo es lo que hay.

"Los Lennon y McCartney del balompié", me dijo un amigo hace unos días. "Yo, que soy encantadora, sería Paul", le respondí. El cascarrabias de Staccioli no podría ser otro más que John.

Salvando las distancias, (que es lo que Andrea y yo tenemos muy bien salvado puesto que él vive en Italia y yo en México), en este cuarto libro que tuvimos a bien y mal terminar, siento que el Tano y yo podemos ser más como Jagger y Richards: no nos importa mucho si está muy bien lo que hacemos, más bien lo hacemos porque no podemos dejar de hacerlo. Afortunadamente, cómplices no nos faltan y este es, a su vez, el tercer libro con Juan Roberto Presta, el entrañable amigo y mejor experto en fútbol que vive en Argentina.

Estamos en la ruta, rocanroleando y estos no son los cien mejores latinos del fútbol mundial, son nuestros cien latinos, los que capturó el lente-Totti, investigó Juan y yo, bueno, no sé muy bien qué hice, pero los encantadores no estamos obligados a dar demasiadas explicaciones.

Hasta el próximo libro, que ya empezamos a imaginar, por cierto. •

ABBONDANZIERI

Le dicen "Pato" por el Lucas de Walt Disney, pero su 1,86 metros de altura y sus 90 kilogramos de peso traiciona la textura de cualquier dibujo animado.

Fuerte, preciso, musculoso, Roberto Abbondanzieri es un ejemplo de lo que en el fútbol puede llamarse presencia rotunda, dominio escénico, es decir, "más vale que seas un buen artillero con semejante tanque anclado en la portería."

Llegó a España con 34 años, con la costilla apenas restablecida luego de una fisura impropia en aquel partido donde Alemania dejó a Argentina fuera del Mundial 2006. Arribó al Getafe con su familia a cuestas, su carácter franco y su talento para las atajadas. Poco tardó este hombre nacido el 19 de agosto de 1972 en la provincia de Santa Fe, en llegar a ser una de las presencias clave en el equipo.

"Deseaba un poco más de tranquilidad, menos viajes y concentraciones", fue una de las primeras declaraciones que hizo en España el actual líder de los Azulones, un tipo simple querido por sus compañeros.

Amante de la buena vida, el Pato no se pierde ninguna de las cenas que a menudo convoca el primer equipo del Getafe luego de los entrenamientos.

Quizás para compensar esa falta de vértigo que en su vida ha sabido suplantar por una paciencia sabia, que muchos y buenos resultados le ha dado, cuando deje el futbol, Abbondanzieri se dedicará al automovilismo.

"De a poco, primero una carrera, con el tiempo otra, hasta participar un poco más seguido", dijo en una entrevista con su acostumbrada parsimonia.

Los coches de Turismo Carretera que el Pato conducirá en un futuro próximo, duermen por ahora el Sueño de los Justos, mientras el arquero vive sus días de máxima gloria con la portería menos vencida del campeonato español.

La Federación Internacional de Historia y Estadísticas de Fútbol, lo puso en el noveno lugar en la lista que describe a los mejores porteros del mundo; la afición argentina lo venera con la misma pasión que en décadas anteriores dedicó a Ubaldo Matildo Fillol, también apodado Pato.•

TRAYECTORIA 1994-1996 Rosario Central • 1996-2006 Boca Juniors • 2006-2007 Getafe (España) **PALMARÉS** 2 Copas Intercontinentales (2000 y 2003, Boca) • 3 Copas Libertadores de América (2000, 2001 y 2003, Boca) • 2 Copas Sudamericana (2004 y 2005, Boca) • 1 Recopa Sudamericana (2005, Boca) • 1 Copa Conmebol (1995, Rosario Central) • 6 Ligas de Argentina (Aperturas 1998, 2000, 2003 y 2005; Clausura 1999 y 2006, Boca) • Mejor Arquero de América (El País de Montevideo, 2003) Finalista de la Copa Intercontinental (2001, Boca). • **Debut en la selección 06-06-04** Argentina – Paraguay. Total, **29 partidos**

TRAYECTORIA 2000-2001 Flamengo (Brasil) ● Julio 2001-Diciembre 2001 Inter (Italia) ● Dic 2001-Junio 2002 Fiorentina (Italia) ● 2002-2004 Parma (Italia) ● 2004-2007 Inter (Italia)

PALMARÉS 1 Campeonato Mundial Sub 17 (1999, Selección Brasil) ● 1 Copa América (2004, Selección Brasil) ● 1 Liga de Italia (2006, Inter) ● 1 Copa Confederaciones (2005, Selección Brasil) ● 2 Copas de Italia (2005 y 2006, Inter) ● 2 Supercopas de Italia (2006 y 2007, Inter) ● Máximo goleador Mundial Sub 17 (1999, Selección de Brasil) ● Máximo goleador y mejor jugador Copa América (2004, Selección de Brasil) ● Máximo goleador y mejor jugador Copa Confederaciones (2005, Selección de Brasil) ● **Debutó con solo 18 años en la selección brasileña en el 2000 ante Colombia.**

ADRIANO

Titanic Tank: fuerza bruta y demoledora en un fútbol que lo recibió con los brazos abiertos y que soportó con paciencia su bamboleante transcurrir en las canchas italianas cuando le vino aquello que los periodistas llamaron "bajón anímico."

Delantero potente, goleador nato, veloz como pocos y escurridizo frente al defensor contrario, nació el 17 de febrero de 1982 en la favela Vila del Cruzeiro, una de las más populares y populosas de Río de Janeiro, la misma que cobró tanta notoriedad en 2002 a causa del asesinato que tuvo lugar allí del periodista Tim Lopes.

Poseedor de un gran remate, suele hacer goles desde fuera del área y es un gran cabeceador, al tiempo que gambetea con resultado incierto la contradicción de ser un niño encerrado en un cuerpo de gigante.

En 2006, luego de unas vacaciones en Río de Janeiro, ciudad de la que partió siendo un adolescente pobre y a la que regresó como un jugador de fútbol millonario y famoso, Adriano Leite Ribeiro perdió el rumbo en el Internazionale de Milán.

Había llegado a la escuadra de Roberto Mancini en el 2004, proveniente del Parma. Con la camiseta negra y azul, su 1,89 metros de altura, sus 87 kilogramos de peso, su aversión por los argentinos (fueron históricas las peleas que Adriano mantuvo con Juan Sebastián Verón), enseguida se hizo notar.

Amado por los hinchas y respetado por los rivales, el carioca pasó a ser una pieza fundamental en la escuadra más ofensiva del *calcio*. Sin embargo, en el momento más importante del conjunto neroazzurro, Adriano se dedicó a irse de fiestas y a descuidar su cuerpo.

Como buen emperador que es, recibió un trato privilegiado y luego de una jornada de descanso extraordinaria en su país natal, regresó a las canchas en busca de su mejor nivel.

Allí lo vemos retornar al mejor fútbol del mundo, con "la potencia de Riva, la agilidad de Van Basten y el oportunismo de Romario", según definición de su entrenador, Roberto Mancini. ●

ÁLEX

Alessandro Santos, Álex, nacido el 20 de julio de 1977 en Maringa, es más que nadie el símbolo del éxodo de Brasil, país que no se cansa de nutrir a Europa de jugadores para sus equipos de fútbol.

De 1,78 metros de altura y 69 kilogramos de peso, Álex jamás jugó profesionalmente en su país de origen. Con apenas 16 años, este zurdo habilidoso se trasladó a Japón durante su época de estudiante, tanto para aprender cosas sobre el país como para jugar al fútbol. Terminó la escuela secundaria y empezó su carrera en el Shimizu Pulse. Habla el idioma nipón con una fluidez envidiable.

Extremo izquierdo muy versátil, que puede jugar como el más fiero de los atacantes, este muchacho nacionalizado japonés en el año 2001, jugó dos Mundiales y dos Copas Confederaciones defendiendo a su país de adopción.

En Japón es tan famoso que tiene una canción propia "Santos", que Alexandra Mirka Gatti presentó en el Festival de Eurovisión. En el año 2002 firmó para el Charlton de Inglaterra, pero el Ministerio del Interior inglés le negó la visa de trabajo porque no había jugado la cantidad necesaria de partidos en su selección para entrar en el fútbol británico. Después del Mundial de Alemania 2006, firmó para el Salzburgo de Austria, donde comenzó su carrera europea. •

TRAYECTORIA 1997-2003 Shimizu Pulse (Japón) • 2004/2006 Urawa Reds (Japón) • 2007 Salzburgo (Austria) **PALMARÉS** 1 Copa de Asia (2004, Selección de Japón) • 1 Liga Japonesa (2006, Urawa Reds) • 1 Copa Asiática de campeones (1999, Shimizu Pulse) • 3 Copas del Emperador de Japón (2002, Shimizu Pulse y 2005 y 2006, Urawa Reds) • 2 Ligas de Campeones de Japón (2002, Shimizu Pulse y 2006, Urawa Reds)

ALMIRÓN

La Lazio por un lado, el Inter, por el otro; en uno para reemplazar a Fabio Liberani, en el otro para sustituir a Juan Sebastián Verón. La camiseta de Sergio Almirón, nacido el 7 de noviembre de 1980 en Rosario, corre el riesgo de romperse a fuerza de tironearla.

Mientras tanto, el hijo del delantero homónimo e integrante de la Selección campeona del mundo en 1986 (aunque no jugó ningún partido), sigue conduciendo ejemplarmente el Empoli con su maestría en el mediocampo y su gran remate de media distancia, la única herencia que recibió de su progenitor.

Aquel era zurdo y delantero; este, que huyó en el 2001 a Italia para atenuar la comparación con quien le dio la vida, es centrocampista y diestro.

Con 1,80 metros de altura y 76 kilogramos de peso, el ex jugador de Newell's recibió la temporada pasada el premio León de Plata, que se otorga anualmente al mejor jugador de los equipos de la región toscana que actúan en el *calcio*.

"Hombre clave en la gran empresa de Empoli de permanecer en Primera División sin apremios ni sobresaltos", dijeron al otorgarle la gallarda distinción.

La tercera temporada en el Empoli lo encuentra con 25 años luminosos, poco pelo en la cabeza (o nada) y dueño de un pase que vale siete millones de euros.

De Sergio se destaca la gran presencia física, los hermosos goles que ha concretado con su pierna derecha, la experiencia para los lanzamientos de faltas y sus dotes para organizar el juego.

Ninguna de esas virtudes se hizo presente a finales del 2005, cuando su padre lo llevó a Rosario para que ayudara a ganar un partido entre ex jugadores y periodistas en activo. "Tan mal estaba Almirón con las estadísticas desfavorables que en el último choque decidió jugarse el todo por el todo y llevó a su hijo, un profesional que milita en el fútbol italiano, algo que no le sirvió de mucho porque igual perdió 5 a 3", fue la precisa crónica del periódico *La Capital*.•

Prácticamente el mismo día en que el polémico Román Riquelme firmaba su pase a préstamo por seis meses al Boca Juniors luego de una disputa sin solución con su técnico en el Villarreal, el chileno Manuel Pellegrini, el defensor Roberto Fabián Ayala era anunciado como el nuevo integrante del Submarino Amarillo.

El capitán de la selección argentina dejaba así su tumultuosa vida profesional en el Valencia de Quique Sánchez Flores y firmaba el mejor contrato de su carrera, a los 33 años de edad.

Nacido el 12 de abril de 1973 en Paraná, provincia de Entre Ríos, Ayala, de esmirriado cuerpo (1,77 metros de altura y 76 kilogramos de peso) y de fuerte carácter, es un hombre consagrado al fútbol que durante siete esplendorosos años consiguió ser el alma en la zaga del conjunto Che.

TRAYECTORIA • 1991-1993 Ferro Carril Oeste (Argentina) • 1994-1995 River Plate (Argentina) • 1995-1998 Nápoli (Italia) • 1998-2000 Milan (Italia) • 2000-2007 Valencia (España). **PALMARÉS** • Medalla de Oro en los Juegos Olímpicos (2004, Selección Argentina) • 1 Copa UEFA (2004, Valencia) • 1 Supercopa de Europa (2004, Valencia) • Medalla de Oro en los Juegos Panamericanos (1995, Selección Argentina) • 1 Liga de Argentina (Apertura 1994, River Plate) • 1 Liga de Italia (1999, Milan) • 2 Ligas de España (2002 y 2004, Valencia) • Finalista de la Liga de Campeones (2001, Valencia). • **Debut en la selección: 16-11-94 – Argentina 3 – Chile 0** • **Jugó ciento seis partidos y marcó siete goles en la selección Argentina.**

Heredero del apodo El ratón, con el que era conocido su padre, también jugador de fútbol, tuvo un paso por el *calcio* antes de recalar en la liga de España en el 2000 y ser, entre otras cosas, el hacedor del gol que le dio al Valencia un título en la UEFA Champions League.

Con presencia récord en más de cien partidos con la camiseta azul y blanca, no esconde este chico blanco de pelo negro su creciente obsesión por ganar un título importante para la selección sudamericana.

"Es cierto que tenemos la medalla olímpica, pero yo quiero ganar la Copa América o la Copa del Mundo", admitió en una entrevista reciente.

A punto de pasar la cifra que ostenta Diego Maradona como capitán argentino, este gran zaguero central que puede jugar tanto de líbero como de marcador por la zona derecha, sueña con llegar al Mundial 2010. Para entonces tendrá 37 años y habrá olvidado los sinsabores que el quiebre de relaciones con los dirigentes le hizo pasar durante sus últimos años en el Valencia. •

JULIO BAPTISTA

TRAYECTORIA 2000-2003 San Pablo (Brasil) • 2003-2005 Sevilla (España) • 2005-2006 Real Madrid (España) • 2006-2007 Arsenal (Inglaterra). **PALMARÉS** 1 Copa Confederaciones (2005, Selección de Brasil) • 1 Copa América (2004, Selección de Brasil) • 1 Liga Paulista (2000, San Pablo) • 1 Torneo Río San Pablo (2001, San Pablo) • 1 Supercopa de San Pablo (2002, San Pablo) • 1 Copa Ramón Carranza (2004, Sevilla)

A pesar de que uno de sus fulminantes penales le dió el primer triunfo al Real Madrid de Fabio Capello, no impidió que Julio César Baptista, nacido el 1 de octubre de 1981 en San Pablo, fuera prácticamente ignorado por el italiano y terminara siendo intercambiado por el español José Antonio Reyes, procedente del Arsenal.

La Bestia o el Tanque, según los apodos que se ha ido ganando a lo largo de su carrera, no se dio por vencido y hoy es una figura importante en el Arsenal de Wenger.

Con 1,83 metros de altura y 72 kilogramos de peso, Julio es un saco de músculos que llegó a Europa como centrocampista defensivo y que terminó jugando como un volante goleador.

En Sevilla marcó 38 goles en 63 partidos y por eso lo compró el Real Madrid, donde la rotación de Galácticos y las lesiones no le permitieron lucirse.

"El Real Madrid va siempre en busca de la belleza en el juego, pero también del sacrificio. Baptista es un jugador que ama el gol, pero además derrocha entrega en el terreno de juego", había dicho al contratarlo el entonces presidente Blanco, Florentino Pérez.

Se dice de él que es un jugador desconcertante, con una zancada extraordinaria y una pegada infalible. Hábil, elástico a pesar de la contundencia de su físico y que posee un sentido de la oportunidad para ubicarse a menudo donde el balón llega para convertirse en tanto.

Las virtudes de Baptista estuvieron ausentes en Alemania 2006, porque una inoportuna lesión lo dejó fuera del Mundial.●

BELLETTI

Juliano Haus Belletti, nacido el 20 de junio de 1976 en Cascavel, es un histórico del Fútbol Club Barcelona. El jugador de 1,79 metros de altura y 74 kilogramos de peso fue el primer fichaje del presidente Joan Laporta y, por si fuera poco, hizo el gol frente al Arsenal en la final de la Champions League.

Belletti, que comenzó su carrera como portero de fútbol de salón, jugó su primer partido profesional como centrocampista izquierdo en 1995, con la camiseta del Minas.

Tenía apenas 19 años cuando fue convocado a la selección brasileña; fue mucho lo que arriesgó cuando decidió empezar a jugar por la derecha en el 2000, pero a los seis meses de jugar en esa posición, volvió a vestir la *verdeamarelha*.

De campeón del mundo en 2002, pasó a ser un modesto jugador del Villarreal y gracias, entre otras cosas, a su empeño, el equipo llegó por primera vez a la Copa UEFA y se consagró líder de la Intertotto.

En 1998 padeció dos intervenciones quirúrgicas en el pubis y al año siguiente casi muere en un grave accidente automovilístico, razones de peso para que el futbolista sea visto como un claro ejemplo de que con tenacidad y disciplina cualquier persona puede alcanzar sus objetivos y concretar sus sueños.

Es padre de Dianlucca, un niño de dos años que ya recibió el carné del Barcelona, entregado por el mismísimo Laporta.•

TRAYECTORIA 1994-1995 Cruzeiro (Brasil) • 1996-1998 San Pablo (Brasil) • 1998-1999 Atlético Mineiro (Brasil) • 2000-2002 San Pablo (Brasil) • 2002-2004 Villarreal (España) • 2004-2007 Barcelona (España) **PALMARÉS** 1 Copa del Mundo (2002, Selección de Brasil) • 1 Liga de Campeones de Europa (2006, Barcelona) • 1 Supercopa de España (2005, Barcelona) • 1 Copa Intertoto (2003, Villarreal) • 2 Ligas de España (2005 y 2006, Barcelona) • 2 Ligas Paulistas (1998 y 2000, San Pablo) • 1 Liga de Minas (1999, Atlético Mineiro) • **Debut en la selección: 28-3-01; Ecuador 1 – Brasil 0.**

BERNARDI

os anhelos y las ilusiones de Lucas Ademar Bernardi, nacido el 27 de septiembre de 1977 en Rosario, Argentina, se escriben sin hache y con la letra c. Al menos esa es la ortografía de la que hace gala en su página web (lucasbernardi.com.ar), como para demostrar su desapego a los estudios en beneficio de la práctica futbolera.

Y ahí lo vemos "ilucionado" y a su familia "anelante" para describir su realidad de *crack* en el Mónaco francés, donde pasea su 1,72 metros de altura y sus 69 kilos de peso al servicio del célebre Didier Deschamps con quien ha sido innumerables veces comparado.

Como el técnico galo, Lucas es un centrocampista laborioso que adivina rápidamente las instancias del juego y que no teme subir al área rival cuando lo requiere la ocasión.

Proveniente de la cantera de Newell's Old Boys, uno de los clubes más importantes de Rosario, Lucas inició en el 2000 su periplo europeo cuando por seis millones de euros fue traspasado al Olimpique de Marseille.

Le tocó seguir los postulados del exótico Javier Clemente y aparentemente no superó la prueba, porque a la temporada siguiente fue traspasado al Mónaco, donde llegó a lucir junto al mexicano Rafael Márquez y dio lo mejor de sí, futbolísticamente hablando.

Hoy, Bernardi es uno de los cuarenta y seis latinoamericanos que animan el torneo francés y es además toda una celebridad en el Principado monegasco. Tiene contrato con el equipo de Deschamps hasta el 2008, año en el que decidirá si sigue viviendo en Mónaco o se traslada a Italia, para calmar las expectativas que sobre su figura viene depositando desde principios del año 2006 el Torino.

En territorio *azzurro*, Bernardi, que tiene pasaporte italiano, no ocuparía, claro está, plaza de extranjero.•

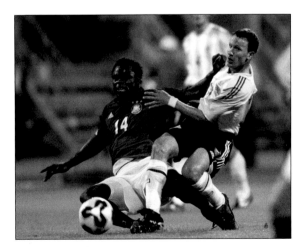

TRAYECTORIA 1998-2000 Newell's Old Boys (Argentina) • 2000-2001 Olimpique de Marsella (Francia) • 2001-2007 Mónaco (Francia) **PALMARÉS** 1 Copa de la Liga de Francia (2003, Mónaco) • Finalista de la Copa Confederaciones (2005, Selección Argentina) • Finalista de Liga de Campeones de Europa (2004, Mónaco) • **Debut en la selección: 18-8-04; Japón 1 – Argentina 2.**

BOLAÑO

Cuando Jorge Eladio Bolaño, nacido el 28 de abril de 1977 en Colombia, llegó a Italia, transcurría el año 1999 y no había periódico argentino que no mencionara los respectivos intereses de River y de Boca para traerlo como préstamo a sus filas. "En Parma no tiene cabida", decían las crónicas de entonces.

Sin embargo, el futbolista de 1,68 metros de altura y 63 kilogramos de peso, desmintió hasta el más pesimista de los pronósticos y se quedó en su equipo italiano con el que acaba de firmar la renovación de contrato hasta el 2008.

Claro, el Parma no vive la mejor de sus situaciones y, de hecho, convocó a subasta a principios de año a causa de sus graves dificultades financieras; no obstante lo cual, Bolaño alcanzó por méritos propios el rango del jugador colombiano con más antigüedad en el *calcio*.

Jorge, apodado el Bola, es un centrocampista derecho de gran habilidad, con cualidades importantes para organizar el juego y con velocidad para recorrer todos los espacios de la cancha.

Nacido en el humilde Barrio Pescaíto, en Santa Marta, la tierra de Carlos Vives y del Pibe Valderrama, Jorge Bolaño ha tenido que enfrentar innumerables lesiones a lo largo de su carrera profesional, pese a lo cual jamás se vio mellada la confianza que en él tienen depositada sus entrenadores.

El Bola tiene actualmente 29 años; la última lesión grave fue en la rodilla derecha. Luego de una intervención quirúrgica y una larga convalecencia en Barranquilla, está a punto para salir del banco de suplentes y animar el exigente *calcio*.•

BORGETTI

TRAYECTORIA 1994-96 Atlas (México)
● 1996-2004 Santos Laguna (México) ● 2004
Dorados de Culiacán (México) ● 2005 Pachuca
(México) ● 2005-2006 Bolton Wanderes
(Inglaterra) ● 2006-Sep-Dic Al Ittihad (Arabia
Saudita)● 2007 Cruz Azul (México)
PALMARÉS 2 Ligas de México (1996 y
2001 – Santos Laguna) ● 1 Copa de Oro de la
Concacaf (2003 – Selección de México) ● **Debut
en la selección 2/5/97 ante Ecuador.**

D e cómo el descendiente de inmigrantes italianos, cuyo apellido original es Borgettino, na-ció el 14 de agosto de 1973 en el desierto mexicano y ha llegado a ser el primer mexicano en jugar en la Premier League, es algo asombroso

Esa es más o menos la historia de Jared Borgetti, ex del Bolton, actual del Cruz Azul, uno de los goleadores de la selección azteca que supo dirigir el argentino Ricardo Lavolpe y que hoy comanda su enemigo íntimo Hugo Sánchez.

Tenaz, disciplinado y solidario, es un estupendo rematador de cabeza, surgido de las fuer-zas básicas del Atlas, equipo con el que debutó en 1994. Increíblemente, el Atlas lo dejó ir y pasó a Santos en el invierno de 1996, temporada en la que empezó a reinar en el juego aéreo: su catapulta a la vidriera internacional.

La posibilidad de jugar en el extranjero le llegó cuando Borgetti tenía 32 años; aun así quiso correr el riesgo. Su incipiente perfil de trotamundos lo encontró poco preparado pa-ra enfrentar las dificultades que le planteó el díscolo entrenador del Bolton, Sam Allardyce, quien luego de pedirlo insistentemente para su equipo, lo destinó la mayoría de las veces al banco de suplentes.

Partió de Inglaterra dolorido y molesto por decisiones de un técnico al que nunca llegó a com-prender, frustrado por no haber aprendido a hablar fluidamente inglés y, sin embargo, agradecido por la oportunidad de haber conocido de primera mano el desarrollo de la Premier League.

"En Inglaterra conocí la entrega, la forma en que se entrena, la seriedad, la manera de jugar y de no engañar. Toman en cuentan al de dieciocho o al de treinta y siete. Esa es una verdad, no hay edad para jugar al fútbol más que el nivel que tienes", dijo Jared.

Luego de un paso obligado y "desesperado", según palabras del propio jugador, por el fútbol de Arabia Saudita, en donde estuvo lejos de su esposa y de sus hijas, Borgetti regresó a México con el objetivo de sacar campeón al Cruz Azul.

Apodado el Zorro del Desierto, por el sitio donde nació, alto, delgado (1,82 metros y 78 kilos), este delantero de área que siempre está esperando su oportunidad para marcar, ha pues-to su velocidad y su técnica al servicio de una nueva etapa en el balompié, que lo verá vestir otra vez la tricolor.●

OMAR BRAVO

No pasará a la historia, esperemos, por las aventuras nocturnas al mando de un automóvil deportivo, en la puerta de un *table dance* al que suelen ser muy aficionados los futbolistas en Guadalajara.

Al contrario, el exceso de velocidad en su vida se debe al vértigo del éxito que disfruta a la edad y tiempo justos, como si a cada minuto su existencia le confirmara la buena elección que tomó cuando eligió jugar al fútbol en detrimento del boxeo, otro deporte que le apasiona.

Omar Bravo es el gran delantero de las Chivas de Guadalajara, nacido el 4 de marzo de 1980 en Sinaloa.

Creativo, seguro de sí mismo, fue quien marcó el primer gol mexicano en el Mundial de Alemania 2006. En aquel memorable partido contra Irán también marcó el segundo y le dio el triunfo a la escuadra tricolor.

Desde entonces, Omar, uno de los futbolistas jóvenes más admirados por las muchachas mexicanas —que lo han apodado el Hermoso— quiere ser campeón del mundo; con menos de eso no se conforma.

Pesa 59 kilogramos y mide 1,69 metros. Surgió en las fuerzas básicas de las Chivas Rayadas de Guadalajara y a pesar de los altibajos, tiene un gran futuro en el fútbol internacional. El español Racing de Santander fue uno de los clubes que con mayor insistencia peleó por su pase en la temporada pasada. Mientras tanto, este delantero hábil, rápido (11.5 segundos en los cien metros planos) y de buen remate, disfruta de su gloria tapatía, luciendo endemoniado en la delantera rojiblanca.•

TRAYECTORIA 2001-2007 Guadalajara (México) **PALMARÉS** Ganador de la Copa de Oro de la Concacaf (2003, Selección Mexicana) • Campeón de Liga de México (Guadalajara, 2006) • Subcampeón del Clausura 2004 (Guadalajara) • **Debut en la selección: 19-03-03; en Texas: México 0 – Bolivia 0.**

BURDISSO

TRAYECTORIA 1999-2004 Boca Juniors (Argentina) • 2004-2007 Inter (Italia) **PALMARÉS** 2 Copas Intercontinentales (2000 y 2003, Boca) • 3 Copas Libertadores de América (2000, 2001 y 2003, Boca) • 2 Ligas de Argentina (Aperturas 2000 y 2003, Boca) • 1 Liga de Italia (2006, Inter) • 1 Mundial Juvenil Sub 20 (2001, Selección Argentina) • 1 Medalla de Oro en los Juegos Olímpicos (2004, Selección Argentina)

Hijo de la inducción mediática que entre bambalinas pergeñan los representantes futbolísticos y luego concretan algunos periodistas con vocación de marionetas, Nicolás Burdisso fue rutinariamente comparado con Diego Maradona el tiempo que hizo falta para que un club europeo pagara muchos dólares por su pase.

Aunque su puesto defensivo nada tiene que ver con el histórico delantero argentino, lo une a Maradona la precocidad. Burdisso, de 1,82 metros de altura y 81 kilogramos de peso, que debutó en la primera de Boca cuando apenas tenía 17 años y a los 23 ya se había adjudicado casi todos los títulos importantes del balompié sudamericano, nació en la provincia de Córdoba el 12 de abril de 1981.

Medalla dorada en los Juegos Olímpicos de Atenas 2004 (con la banda de capitán que le dieron sus propios compañeros en el equipo que dirigía Marcelo Bielsa), en ese año pasó a integrar las filas del Internazionale de Milán, con el que llegó a ganar la Copa de Italia 2006. Entonces, fue al Mundial de Alemania convocado por José Pekerman, quien le dio la zaga central como marcador por la derecha, entre los once titulares de la celeste y blanca. Para él, ese venía siendo el mejor año de su vida.

La vida, sin embargo, le tenía deparada una sorpresa trágica: un diagnóstico de leucemia a su pequeña hija. Fue cuando el futbolista dejó todo para trasladarse a Buenos Aires y seguir de cerca el tratamiento de la niña. Mientras, para mantenerse en forma, entrenaba en los campos de Boca Juniors.

"Ahora Angelina está bien, mientras más pasa el tiempo es más difícil que sufra una recaída, ahora solo podemos hacer una cosa: rezar", señaló en una entrevista en *La Gazzetta dello Sport*, entre otras cosas también destacó la generosidad de Massimo Moratti, el dueño del Inter, que le guardó el puesto.

En el fútbol, Nicolás Burdisso espera la revancha: un *scudetto* ganado en la cancha y no en los tribunales que homenajee cabalmente la armonía de grupo que existe en la escuadra dirigida por Roberto Mancini, donde es líder un jugador que Nico adora: Marco Materazzi, "todo un personaje que tiene una gran relación con nosotros", dice el argentino.●

CAFÚ

Todo en Cafú es exceso. Como llamarse, por ejemplo, Marcos Evangelista de Moraes y ser un religioso casi fanático.

Desbordar por la derecha en cualquier cancha que pisa y ser por ello, bien a la brasileña, llamado el mejor lateral diestro del mundo. O jugar en los inicios en su país natal en un equipo llamado, nada más ni nada menos, que Itaquaquecetuba.

Nacido el 7 de junio de 1970 en San Pablo (el mismo día en que Brasil se enfrentaba a Inglaterra por la clasificación en la Copa del Mundo, que ganaría por tercera vez), este moreno esmirriado de 1,78 metros de altura y 78 kilogramos de peso, jugó cuatro mundiales con la selección *verdeamarelha;* y desde que en 2003 se incorporó al Milan de Paolo Maldini, proveniente de la Roma, la escuadra *rossonera* no se concibe sin su presencia avasalladora.

En la capital de Italia, precisamente, se ganó el apodo de Pendolino, porque se parece a un tren expreso que siempre llega a horario. Así es Cafú: sube y baja por su costado llegando siempre a tiempo para defender y para atacar.

Sus altas cualidades técnicas lo hicieron acreedor de innumerables títulos en todos los clubes que lo contrataron. Su cuerpo privilegiado le permitió a menudo superar el área lateral y convertirse en un temible ofensor de los rivales.

El actual entrenador de la selección brasileña no está llamando a Cafú, que pronto cumplirá 37 años. Él, por si las dudas, se ha puesto a su disposición con el fin de batir su propio récord "y ser el único jugador que estuvo en cinco mundiales", declaró hace poco.

Mientras tanto, el defensor se ha anotado en una academia de entrenadores de fútbol de Milán para asegurarse un futuro dentro del deporte, cuando ya no juegue.•

TRAYECTORIA 1988-1994 San Pablo (Brasil) •1994-1995 Zaragoza (España) •1995 Jun-Dic Juventude (Brasil) •1996-1997 Palmeiras (Brasil) 1997-2003 Roma (Italia) •2003-2007 Milan (Italia).
PALMARÉS 2 Copas del Mundo (1994 y 2002, Selección Brasil) •2 Copas Intercontinentales (1992 y 1993, San Pablo) •2 Copas América (1997 y 1999, Selección Brasil) •1 Supercopa de Europa (2003, Milan) •2 Copas Libertadores de América (1992 y 1993, San Pablo) •1 Campeonato brasileño (1991, San Pablo) •2 Ligas Italianas (2001, Roma y 2004, Milan) •1 Recopa de Europa (1995, Zaragoza) • Finalista de la Copa del Mundo (1998.)

TRAYECTORIA 1997-1998 Real Madrid B (España) ● 1998-2001 Independiente (Argentina) ● 2001-2002 River Plate (Argentina) ● 2002-2004 Real Madrid (España) ● 2004-2007 Inter (Italia) **PALMARÉS** Campeón Mundial Sub 20 (1997, Selección Argentina) ● Copa Intercontinental (2002, Real Madrid) ● Liga Argentina (Clausura 2001, River Plate) ● Liga Española (2003, Real Madrid) ● Liga Italiana (2006, Inter) ● Supercopa de Europa (2002, Real Madrid) ● Copa Italia (2005, Inter) ● Finalista de Copa Confederaciones (2005, Selección Argentina)

CAMBIASSO

Cuesta creer que Esteban Matías Cambiasso tenga apenas 26 años, pero lo cierto es que nació en Buenos Aires el 18 de agosto de 1980. Su pelo rubio, su apodo antiguo (le dicen Cuchu por Cuchuflito, un delgado cómico argentino de los años 60), la seriedad de niño-viejo con que recorre el mediocampo del torneo italiano, lo hacen un veterano imprescindible tanto para medir sus méritos en el Internazionale de Milán, como para dar por descontada su presencia en la selección argentina.

Apenas mide 1,78 metros y pesa 72 kilogramos, medidas que le alcanzaron y le permitieron brillar en los clubes más importantes del mundo, entre ellos River, Independiente y el Real Madrid (con el que debutó, en la segunda división, cuando tenía 15 años). "Haberlo dejado ir fue uno de los mayores errores del Real", opinó Jorge Valdano. "El Real Madrid sigue sin encontrar a su hombre en el mediocampo, mientras tanto, Cambiasso crece y crece en el Inter.", escribió el periodista Borja Barba en el portal *Notas de fútbol*.

El Cuchu, un chico de perfil bajo y carácter tranquilo, no guarda rencor a los blancos (ni siquiera al técnico Fabio Capello) y al contrario agradece a los directivos madridistas "la oportunidad que me brindaron al dejarme ir", según declaró.

Apasionado del basquetbol, deporte que practicaba activamente su padre y al que dedicó gran parte de su infancia, tiene como ídolo a Michael Jordan, sin que eso le impida, por supuesto, admirar irremediablemente, en el rubro de los futbolistas, a Diego Maradona, su jugador preferido.

"Me puedo desenvolver por cualquier demarcación en la banda izquierda, aunque mi puesto favorito es el de volante central. Me gusta tomar contacto constante con el balón y llegar al área rival, hacer goles", decía cuando era un adolescente.

Aunque ahora una lesión lo tenga confinado al banco de suplentes, nadie podrá negar que a este centrocampista con habilidad, marca y despliegue, ha cumplido su objetivo de convertirse un verdadero líder del mediocampo. ●

CASTILLO

TRAYECTORIA 1998-2002 Éspoli (Ecuador) • 2003-2006 El Nacional (Ecuador) • 2006-2007 Estrella Roja (Serbia)
PALMARÉS 1 Liga de Ecuador (2005–Clausura, El Nacional)

Ni la película de aventuras más imaginativa hubiera mostrado una historia en la que un jugador negro nace en un lugar llamado Esmeraldas, en Ecuador, y termina jugando en Serbia. Pero ese es el periplo de Segundo Castillo, nacido el 14 de enero de 1982, quien comenzó su carrera futbolística en el cuerpo de policías de Quito, pasó al equipo del ejército ecuatoriano, terminó desestimando ofertas de clubes españoles e italianos y prefirió el Estrella Roja de Belgrado. En la elección de equipo europeo, la motivación principal para este chico criado en el seno de una familia muy humilde de la localidad esmeraldeña de San Lorenzo, fue la económica. Los serbios fueron los que le ofrecieron el mejor contrato.

Su debut en el Estrella Roja fue auspicioso y desde allí intentará que lo vean otra vez los cazatalentos de España e Italia y en esta oportunidad realicen ofertas más tentadoras.

Centrocampista de marca fuerte con buen remate de media distancia y gran capacidad para el juego aéreo, se entrega al cien por ciento en cada partido, mostrando una garra con la que ya quisieran contar equipos que han invertido millones de dólares en futbolistas enfermos con el mal de la abulia.

De carácter reservado, muchacho que prefiere oír antes que hablar, Castillo ha confesado en una entrevista reciente que "las cosas en el fútbol no han sido fáciles para mí. Me inicié en la Sub 17 de Éspoli, pero no tenía ni para el pasaje. Durante un año entero fui a los entrenamientos a pie."

Titular irrefutable en la Selección Ecuatoriana, su físico contundente de 1,78 metros de altura y 77 kilogramos de peso le otorga una versatilidad que se agradece tanto en la zona de defensa como en la de ataque.

Con su personalidad afable (los periodistas ecuatorianos le dicen "el niño bueno"), ayudó al lucimiento de su selección en Alemania 2006, que quedó, dignísima e inesperadamente, entre los dieciséis mejores equipos del mundo.•

CICINHO

Michel Salgado tiene todavía mucho cuerpo y sigue siendo una figura de enorme carga mítica en el Real Madrid. También es cierto que el lateral histórico de los blancos, tiene ya treinta años. Para suplirlo, ha llegado hace casi dos años El reverendo, un diminuto brasileño de 25 años que cuando está afuera de la cancha se pasea con la Biblia bajo el brazo y escucha canciones de música gospel en su IPOD.

Cicero Joao De Cesare, Cicinho, nació el 24 de junio de 1980. Mide apenas 1,72 metros de altura y pesa 72 kilogramos. Arribó a la capital española con el mismo ruido y expectativas de gloria que su compatriota Robinho. Lesiones, entrenadores que fueron y vinieron (lo convocó Luxemburgo, lo dejó López Caro y ahora lo tiene Capello), lo mantienen en la categoría de promesa, pero entre el pasaporte italiano que le ayuda a ocupar una plaza de comunitario europeo y la paciencia —calma chicha— que lo caracteriza, conseguirá lo necesario para dejar una huella profunda en el fútbol del Viejo Continente.

Tiene contrato con los blancos hasta el 2010. Luego, quiere irse a Italia. Puesto a hablar de sí mismo, este futbolista que ha sido acusado innumerables veces de propiciar un juego demasiado individualista, se define como "un jugador defensivo con características ofensivas para cuando me necesiten y que puede entrar por cualquier banda. Tengo mucha voluntad y me adapto sin problemas a las peticiones de los técnicos", declaró.

Los aficionados al San Pablo, el club con el que ganó la Liga y se dio a conocer al mundo, lo nombraron "el mejor lateral de Brasil", con votos reales que superaron ampliamente a Paulo Baier, del Goiás, y Paul César, del Santos.

Ahora, todas las oraciones que Cicinho reza antes de irse a dormir, claman por una recuperación total de su lesión en la rodilla derecha.

En septiembre pasado, el brasileño se fracturó el ligamento cruzado anterior en un partido ante el Betis por la cuarta fecha del campeonato español y desde entonces, ha estado ausente de las canchas.

Fue alcohólico en su adolescencia y logró recuperarse gracias a la religión, así que Dios está acostumbrado a cumplirle los deseos.•

TRAYECTORIA 1999-2000 Botafogo (Brasil) • 2001-2003 Atlético Mineiro (Brasil) • 2004-2005 San Pablo (Brasil) • 2005-2007 Real Madrid (España). **PALMARÉS** 1 Copa Confederaciones (2005, Selección de Brasil) • 1 Copa Libertadores de América (2005, San Pablo) • 1 Mundial de Clubes (2005, San Pablo) • 1 Liga Paulista (2005, San Pablo) • **Debut en la selección: 27-04-05, ante Guatemala 3-0. 17 partidos – 1 gol.**

COLOCCINI

En el River de Daniel Passarella o en el San Lorenzo de Ramón Díaz hay un lugar de privilegio para el argentino Fabricio Coloccini, nacido el 22 de enero de 1982 en Córdoba. Si el Deportivo La Coruña, donde juega desde el 2004, lo hubiera dejado libre esta temporada, habría concretado el camino de regreso de un viaje que emprendió de la mano de su padre cuando apenas era un adolescente.

Así fue, este defensor nato y rubio de 1,83 metros de altura y 78 kilogramos de peso, es hijo del ex jugador Osvaldo Coloccini, quien haciendo valer su derecho a la patria potestad lo llevó a Milán cuando el futbolista tenía 17 años. Había debutado en Boca Juniors, club que lo había comprado a los 14 en un paquete de jóvenes futbolistas, entre los que también estaba Román Riquelme.

Fabricio es un defensor dúctil, que puede ir al ataque, que posee gran experiencia internacional y que llegó a ganar el Mundial Sub 20 con la camiseta de la Selección Argentina.

Su categoría, sin embargo, está congelada a raíz del poco entendimiento que padece con el entrenador de La Coruña, Joaquín Caparrós, quien no lo tiene en sus "planes tácticos."

Casado y padre de una niña, Fabricio es un apasionado de los automóviles. Ahora maneja un BMW X, pero sueña con tener un Ferrari. A la hora de jugar fútbol, no le molesta la presión. "Es lindo tener presión, es lindo sentirse con tensión porque eso quiere decir que uno está concentrado en lo que va a hacer", declaró.●

TRAYECTORIA 1994-1995 Deportivo Río Negro (Colombia) 1995-1997 Nacional de Medellín (Colombia) 1997-1999 San Lorenzo (Argentina) 1999-2007 Inter (Italia) **PALMARÉS** 2 Copas de Italia (2005 y 2006 Inter.) 2 Supercopas de Italia (2006 y 2007, Inter.) 1 Liga Italiana (2007, Inter)

IVÁN CÓRDOBA

El colombiano Iván Córdoba, defensor del Internazionale de Milán y nacido 11 de agosto de 1976 en Antioquia, despierta pasiones. Su manera de defender, su velocidad, la misma que le ha hecho ganar el título del "zaguero más rápido del mundo" por parte de los aficionados, le ha valido ser comparado nada más ni nada menos que con el mundialista dorado Fabio Cannavaro.

"No sé cuál de los dos es mejor, solo sé que Iván es, como Fabio, una pared imposible de pasar y que eso lo hace uno de los mejores defensores del planeta", escribió un aficionado en una encuesta espontánea por Internet.

Ningún elogio por desmesurado que sea le quita la sonrisa ni la tranquilidad a este hombre pacífico y padre de familia, que en 2006 fue nombrado por el Fondo de las Naciones Unidas para la Infancia, Amigo de UNICEF.

Unido en la tarea al piloto de automovilismo, su compatriota Pablo Montoya, Córdoba ha estado siempre preocupado por eliminar la violencia en el fútbol, que en su país ha cobrado vidas de forma trágica, por ejemplo la del ex jugador de la selección Andrés Escobar —uno de los grandes ídolos de Iván— asesinado en 1994.

Otra muestra de su activa solidaridad es la fundación Colombia Te Quiere Ver, que el jugador ha erigido para ayudar a niños con problemas de visión en su país y que por falta de recursos no pudieron acceder a un tratamiento.

Una fotografía en un periódico colombiano muestra a Iván Córdoba haciendo figuras con la pelota en la cabeza. De fondo, un monumento milanés. Afincado desde hace años en el norte de Italia, tanto él como su familia se encuentran a gusto en el Viejo Continente.

Sin embargo, el futuro del zaguero está en Antioquia, la ciudad paisa donde nació y aún viven sus padres, Martha y Ramiro, y sus hermanos, Ana María y Julián Andrés.

Ama la naturaleza y de no haber sido futbolista, se hubiera dedicado a la ingeniería forestal.

Mide 1,73 metros y pesa 70 kilogramos.•

INTER

CÓRDOVA

TRAYECTORIA 1997-2000 Colo Colo (Chile) • 2000-Jun-Dic Perugia (Italia) • 2001-Ene-Jun Unión Española (Chile) • 2001-2002 Crotone (Italia) • 2002-2004 Bari (Italia) • 2004-Jun-Dic Livorno (Italia) • 2005-2006 Ascoli (Italia) • 2006-2007 Messina (Italia)
PALMARÉS 2 Ligas de Chile (Clausura 1997 y 1998, Colo Colo)

Nicolás Andrés Córdova nació en Talca el 9 de enero de 1979. Con 1,75 metros de altura y 75 kilogramos de peso, es un hábil centrocampista ofensivo, al que le costó mucho abrirse camino en la liga italiana, y mucho más ser reconocido en su país.

Córdova, que ya tiene 28 años y que sueña con clasificar para un Mundial con la selección chilena, a la que pocas veces ha sido convocado, llegó al fútbol italiano en 2001, procedente de Unión Española, para integrar los planteles de Perugia, Crotone y Bari, al que acompañó en su descenso a la Serie B. "Cuando llegué no me conocía nadie; de hecho, yo esperaba que en el aeropuerto hubiera al menos algo de prensa para ver al chileno que llegaba... Pero no había nadie, de hecho ni el técnico tenía idea de quién era yo, pero Perugia tiene esa política de contratar de todos lados: había japoneses, uno de Irán, chinos, africanos...", cuenta Nico en su página de Internet.

Ahora juega para el Messina y nunca olvida el gol que le hizo a Boca durante un campeonato juvenil organizado por el Colo Colo en la capital chilena. Ese día, el del gol, era el cumpleaños de su madre, una de las personas que más lo han apoyado en la búsqueda de un sitio en el fútbol de alta categoría.

Su periplo, a veces inaudito, lo hizo recalar en el Crotone, equipo desconocido para los que viven fuera de Italia y al que fue convocado por el mismísimo Giuseppe Materazzi, sí, el padre de quien ya saben.

"Allí me trataron de forma extraordinaria y tengo muy buenos recuerdos de esa pequeñísima localidad al sur de Italia", dijo Nico.

Del Crotone pasó al Bari. "Bari es una ciudad muy parecida a Santiago de Chile, tiene cerca el mar, así que me adapté muy rápido", contó.

Córdova, que solo ha jugado tres partidos con la Selección Chilena, espera tomar revancha en la Copa América de Venezuela.•

◼ CRESPO

Adora el fútbol italiano, le gustan las costumbres italianas, tiene una hija (Nicole, de tres años, que cuando ve una pelota dice: "Papá") y una mujer (Alessia) de esa nacionalidad. Por lo tanto, es comprensible que no se haya adaptado a la vida londinense y que su paso por el Chelsea, Didier Drogba mediante, pueda ser tomado como un sinsabor en su larga carrera profesional, aunque haya ganado la Liga Premier.

Hernán Jorge Crespo, nacido el 5 de julio de 1975 en la provincia de Buenos Aires, es sin duda uno de los jugadores argentinos más queridos por la afición de su país, al tiempo que uno de los mejor valorados en el *calcio*.

Con 1,84 metros de altura, 80 kilogramos de peso y una de las sonrisas más deliciosas de la Primera División europea, Hernán es un delantero vertiginoso y sagaz, con un invencible olfato de gol y cuyo sueño primordial es llegar entero y firme a la Copa del Mundo Sudáfrica 2010.

Jugador imprescindible en el esquema de José Pekerman, obtuvo en Alemania 2006 la Bota de Plata, galardón que se otorga al segundo goleador del torneo mundial. Hasta ahora, junto con el Pibe Saviola, uno de sus grandes amigos (ambos dicen entenderse "de memoria" en la cancha), parece inamovible en el ataque preparado por el nuevo entrenador albiceleste, "Coco" Basile. Bueno, también estuvo con Bielsa: en realidad hace doce años que Crespo es un número asegurado en la Selección Argentina.

Lo comparan con Gabriel Batistuta, y con Jorge Valdano. Lo cierto es que a los 31 años, Hernán Crespo ya tiene una personalidad propia, arrolladora y veraz en el espacio competitivo del fútbol.

Su simpatía es imbatible y no se ha cuantificado aún lo que influye su encanto en la practica futbolística, pero pocos jugadores se han dado como él el lujo de jugar en el Milan y luego en el Inter, sin ser abucheado por los tifosi.•

TRAYECTORIA 1993-1996 River Plate (Argentina) • 1996-2000 Parma (Italia) • 2000-2002 Lazio (Italia) • 2002-2003 Inter (Italia) • 2003-2004 Chelsea (Inglaterra) • 2004-2005 Milan (Italia) • 2005-2006 Chelsea (Inglaterra) • 2006-2007 Inter (Italia)
PALMARÉS 1996 Copa Libertadores de América (River) • 1999 Copa de Italia (Parma) • 1995 Liga Argentina (River) • 1999 Copa UEFA (Parma) • 2005 Finalista de la Champion League Europea (Milan) • 2006 Liga de Inglaterra (Chelsea) • 1996 Medalla de Plata de los Juegos Olímpicos de Atlanta donde fue el goleador del torneo.

CRIBARI

O riundo de Cambara, una localidad de Rio Grande Do Sul, desde niño quiso ser futbolista; con apenas 9 años aspiraba a igualar las hazañas de Zico, el legendario jugador carioca. Emilson Cribari Sánchez nació el 6 de marzo de 1980.

Alto y corpulento (1,87 metros de altura y 79 kilos de peso), pero dúctil con la pelota, este zurdo zaguero, también puede jugar de lateral por su banda. Descubierto por un buscador de talentos del Empoli, llegó a Italia a los 18 años después de jugar dos años en el Londrina de la Segunda División de Brasil; y tal vez por la lealtad a su ídolo de infancia rechazó una oferta de Giovanni Trapattoni para integrar las filas del seleccionado italiano. "No tengo ninguna duda, incluso si me llamara hoy en día el entrenador de la Selección Italiana, Roberto Donadoni, lo rechazaría. Esperaré a Brasil hasta el último día de mi carrera, es mi sueño más grande", aseguró en una entrevista publicada en *El Corriere de la Sera*.

De niño faltaba al colegio para jugar al fútbol, jugaba con los chicos del barrio, jugaba solo, jugaba siempre; como no tenía dinero para pagar el ómnibus, cuando fue seleccionado por el Londrina Esporte Clube, recorría veinte kilómetros en bicicleta para poder llegar a tiempo a los entrenamientos.

Al Empoli llegó con apenas 18 años y su primera etapa en Europa, como es de esperarse, no fue fácil. Su hermano mayor, Fabio, y la esposa de este eran la única familia que tenía en Italia: ambos habían viajado para apoyar a Emilson en su aventura europea.

Hoy es un titular indiscutido en la Lazio. Sigue siendo un muchacho serio y tímido. Como ayer, sigue soñando con parecerse a Zico y vestir lo antes posible la camiseta *verdeamarelha*.•

TRAYECTORIA 1996-1998 Londrina (Brasil) • 1998-2004 Empoli (Italia) • 2004-2005 Udinese (Italia) • 2005-2007 Lazio (Italia).
PALMARÉS No tiene títulos

CRIS

TRAYECTORIA 1995-1998 Corinthians (Brasil) • 1999-2002 Cruzeiro (Brasil) • 2002-2003 Bayer Leverkusen (Alemania) • 2003-2004 Cruzeiro (Brasil) • 2004-2007 Lyon (Francia)
PALMARÉS 1 Copa América (2004, Selección de Brasil) • 2 Ligas de Francia (2005 y 2006, Lyon) • 2 Ligas de Brasil (1998 Corinthians y 2003, Cruzeiro) • 3 Ligas Paulistas (1995, 1997 y 1998, Corinthians) • 2 Copas de Brasil (1995, Corinthians y 2000, Cruzeiro) • 1 Copa Sul Minas (2001 Cruzeiro) • 1 Liga de Minas Gerais (2004, Cruzeiro)

Cristiano Márques Gómez, Cris, nacido el 3 de junio de 1977 en Guarulhos, es un zaguero discreto que sorprende cuando va al ataque en las jugadas de pelota detenida.

Dueño de un gran sentido de la ubicación en cancha, sus cabezazos representan un gran peligro para los adversarios y una de las mejores armas con que cuentan los equipos que lo contratan.

El defensa brasileño, de 28 años, es considerado un descubrimiento del técnico Vanderlei Luxemburgo, con el que coincidió en la selección olímpica para los Juegos Olímpicos de Sidney 2000 y en el Cruzeiro, desde donde llegó al Olympique Lyonnais, que lo fichó en agosto de 2004 por 3,5 millones de euros.

Fue en Francia donde el jugador alcanzó su máximo rendimiento y su madurez. Designado por la prensa gala como el mejor defensor de la liga francesa, Cris fue una presencia clave para la obtención del cuarto título consecutivo del equipo y el pase a los cuartos de final de la Champions.

Debutó con la camiseta *verdeamarelha* en 2001 y se consagró campeón de la Copa América frente a Argentina. Estuvo en Alemania 2006, aunque nunca fue alineado por el técnico Parreira que lo había preferido a Roque Junior.•

CRUZ

TRAYECTORIA
1993-1996 Banfield
(Argentina) • 1996-1997
River Plate (Argentina)
• 1997-2000 Feyenord
(Holanda) • 2000-
2003 Bologna (Italia) •
2003-2007 Inter (Italia)
PALMARÉS 2005 y
2006 Copa de Italia (Inter)
• 1996 Campeón de
Argentina (River) • 2006
Liga de Italia (Inter)

Julio Ricardo Cruz es un tipo tranquilo, que hace los esfuerzos justos para obtener los resultados apropiados y que, como buen oriundo de Santiago del Estero, una provincia argentina famosa por la falta de ansiedad con la que sus habitantes enfrentan la vida, sabe esperar, no se deja llevar por impulsos y escucha más que habla.

Quizás por eso, este delantero huidizo y alto (1,86 metros de altura y 80 kilogramos de peso), nacido el 10 de octubre de 1974, ha podido hacer, con mucha facilidad, oídos sordos a los incontables rumores que cada dos por tres lo ubican en Mallorca, en el fútbol holandés, en la Juventus, en el Palermo.

Tantos han sido los posibles destinos de este goleador frío y calculador, un hombre taciturno apodado El Jardinero, que el propio director deportivo del Internazionale de Milán, Gabriel Oriali, ha tenido que salir al cruce de los dimes y diretes y declarar en la prensa que Cruz "es un jugador muy importante para el plantel y un profesional que nunca tiene problemas a la hora de trabajar."

La dilatada carrera profesional de Cruz ha estado a menudo caracterizada por la presencia de delanteros con más cartel que él. En River, debió dirimir el puesto con el ídolo chileno Marcelo Salas y con el promocionado colombiano Juan Pablo Ángel. En la Selección Argentina, con Gabriel Batistuta y Crespo. En el Inter, con Adriano Leite Ribeiro.

Cruz, como el dinosaurio de Monterroso, siempre está ahí. Como cuando José Pekerman, para sorpresa de muchos, lo convocó para la selección que viajó a Alemania. Como cuando, mientras cortaba el pasto en la cancha de Banfield, pasó un entrenador a quien le faltaba un jugador para completar el equipo, lo miró detenidamente y luego le preguntó: ¿Quieres jugar?

La respuesta de Julio Cruz fue afirmativa y desde entonces no ha abandonado los campos de fútbol.•

CUFRÉ

TRAYECTORIA 1996-2002 Gimnasia y Esgrima La Plata (Argentina) •
2002-2003 Roma (Italia) • 2003-2004 Siena (Italia) • 2004-2006 Roma (Italia) •
2006-2007 Mónaco (Francia) **PALMARÉS** Campeón Mundial Sub 20 (1997,
Selección Argentina) • Finalista 2 veces de Copa Italia (2005 y 2006, Roma)

Entre las razones para amar a Leandro Damián Cufré, nacido el 9 de mayo de 1978 en La Plata, provincia de Buenos Aires, hay quienes mencionan su pelo: una melena rubia con aires de los ochenta y principios de los noventa, mezcla rara de rock con *grunge* que el jugador, de 1,76 metros y 76 kilogramos de peso, cuida con devoción.

Durante la concentración de la Selección Argentina en Alemania, el jugador del Racing de Santander, Lionel Scaloni, había hecho correr la versión de que un peluquero chino era el encargado de la cabellera de Cufré.

"Él dice eso porque tiene pelo de alambre", fue la respuesta divertida del zaguero central y lateral por las dos bandas, con mucha garra para marcar y con buen juego aéreo, uno de los habituales titulares en la Roma, que va segundo en el *calcio*, después del Inter.

Con cuatro temporadas a pleno en el exigente fútbol italiano, Cufré ha tenido una vida difícil de la que salió airoso gracias a su esposa Gianinna, con la que está desde que ambos eran adolescentes.

La madre de Leandro falleció cuando era un niño y su padre, enfermo de cáncer, dio el último suspiro cuando el jugador estaba en Alemania, convocado por José Pekerman, su padrino futbolístico, para disputar el Mundial.

Fuerte en el cuerpo a cuerpo, de buen juego aéreo y facilidad para adaptarse a los diferentes puestos de la defensa, Cufré hizo un decente papel en Alemania, aunque la pérdida de la paciencia en el ya histórico partido frente a Alemania le costara caro. Luego de finalizado el torneo, la FIFA lo sancionó con cuatro partidos de suspensión por agredir a Per Mertesacker.

Cufré, que fue vital en 1997 para la obtención del torneo sudamericano y el Campeonato Mundial Juvenil de la FIFA disputado en Malasia, ha sido convocado ahora por el Coco Basile para la disputa de algunos partidos amistosos.•

TRAYECTORIA 1991-1994 Deportivo Quito (Ecuador) • 1995 Barcelona (Ecuador) • 1996 Aucas (Ecuador) • 1997-2001 Liga Deportiva Universitaria (Ecuador) • 2001-2002 Hibernian Edimburgo (Escocia) • 2002-2006 Aston Villa (Inglaterra) • 2006-2007 Reading (Inglaterra) **PALMARÉS** 3 Ligas de Ecuador (1995, Barcelona y 1998 y 1999, Liga Deportiva Universitaria) • **Debut en la selección: el 28 de Mayo de 1995, Tokio; Japón 3 – Ecuador 0**

DE LA CRUZ

Si no sucede algo extraño en el camino, Ulises de la Cruz, nacido el 8 de febrero de 1974 en Piquiucho (localidad del valle de Chota donde el jugador mantiene una fundación cuyo objetivo es facilitar la educación de niños sin recursos), será una de las figuras relevantes en la selección ecuatoriana que disputará, con ambiciones y posibilidades, la Copa América en Venezuela.

Hombre importante en el desarrollo del fútbol contemporáneo, vivió con verdadero orgullo militante la *performance* de su selección en el Mundial de Alemania: "Ecuador le tapó la boca a muchos porque se decía que solo ganábamos en la altura", manifestó.

Candidato a integrar las filas del Villarreal que dirige el chileno Manuel Pellegrini, (que dirigió a la LDU en Quito en la temporada 1999-2000) actualmente milita en el fútbol inglés.

Para su equipo, el Reading, convirtió, en la fecha 20 de la actual temporada, un gol frente al Sheffield United que fue considerado el mejor de la jornada por los votos de los aficionados.

De 1,77 metros de altura y 75 kilogramos de peso, Ulises es un defensor dueño de un llamativo récord en el fútbol contemporáneo: jamás recibió una tarjeta roja.

Con una década en el fútbol europeo, todavía le sorprenden las costumbres de Inglaterra, tan distintas a las de su país natal. "Extraño mucho la libertad de andar; extraño la familia, la comida, aquí la disciplina es muy férrea y los latinos somos un poco más amigables", le contó a un niño venezolano que se le acercó a hacer una nota para la BBC.

De la Cruz, que llegó a jugar durante una temporada en el fútbol brasileño, es a menudo comparado con el gran Cafú por su capacidad para proyectarse al ataque. En el 1997 estuvo a punto de pasar a River de Argentina, pero Daniel Passarella lo rechazó porque "no marcaba". Sin embargo demostró que se puede marcar y tener vocación ofensiva.

En el pueblo donde nació, Ulises financió la creación de una planta potabilizadora de agua, un centro médico y un campo de deportes.•

DELGADO

TRAYECTORIA 2000-2003 Rosario Central (Argentina) •
2003-2007 Cruz Azul (México) **PALMARÉS** 1 Medalla
de Oro en los Juegos Olímpicos (2004, Selección Argentina) •
Finalista de la Copa América (2004, Selección Argentina)

César Fabián Delgado, nacido 18 de agosto de 1981 en Rosario, es el mejor extranjero en actividad en la liga mexicana de fútbol.

Con 1,74 metros de altura y 69 kilogramos de peso, su estilo vistoso de juego es alabado tanto por periodistas como por aficionados.

La Máquina Cementera del Cruz Azul ha depositado en este gran conductor, fino delantero, habilidoso e inteligente, todas las esperanzas de recuperar un nivel futbolístico que respete los principios históricos y filosóficos de la entidad, consistentes en "gustar, ganar, luchar y convencer."

Ídolo de la afición celeste que admira su buen manejo de pelota, la destreza como futbolista profesional y la humildad de carácter, el Chelito es un muchacho introvertido, tímido y de pocas palabras.

En la adolescencia jugaba permanentemente al fútbol, aunque sin la convicción de que fuera a llegar a los primeros niveles, acostumbrado como estaba a ver a muchos cracks que se quedaban en el camino.

De extracción muy humilde, pasó su infancia en el barrio rosarino de Las Flores, rodeado por sus hermanos Ayelén, Julio y Gianina, y sus padres, Betty y José, los verdaderos artífices de su carrera, pues fueron quienes al ver las gambetas de las que hacía gala cuando jugaba, lo llevaron al club Alianza Sport.

"Nunca tuve ni siquiera la mínima esperanza de jugar en un club. Y seguí jugando por la insistencia de mi padre a quien debo todo lo que soy", confesó en una entrevista.

Casado con Mariana, la mujer que la ha puesto el apodo de Orejón, Delgado formó con Luciano Figueroa una pareja ofensiva excepcional. Cuando se recupere de una operación de meniscos volverá a la Selección Argentina, donde Alfil Basile lo tiene muy en cuenta.•

DIDA

TRAYECTORIA 1992-1994 Vittoria de Bahía (Brasil) ● 1994-1998 Cruzeiro (Brasil) ● 1998-1999 Lugano (Suiza) ● 1999 Corinthians (Brasil) ● 2000-jun Palmeiras (Brasil) ● 2000-2002 Milan (Italia) ● 2002-jun-dic Corinthians (Brasil) ● 2003-2007 Milan (Italia) **PALMARÉS** Campeón de la Copa del Mundo (2002, Brasil) ● 2 Copa Confederaciones (1999 y 2005, Brasil) ● 1 Supercopa de Europa (2003, Milan) ● 1 Copa América (1999, Brasil) ● 1 Mundial de Clubes (2000, Palmeiras) ● 1 Champion League (2003, Milan) ● 1 Copa Libertadores de América (1997, Cruzeiro) ● 1 Copa del Mundo Sub 20 (1993, Brasil) ● 1 Copa Conmebol (1995, Cruzeiro) ● 1 Recopa Sudamericana (1998, Cruzeiro) ● 2 Copas de Brasil (1996, Cruzeiro y 2002, Corinthians) ● 1 Medalla de Bronce en los Juegos Olímpicos (1996, Brasil) ● 3 Torneos de Minas Gerais (1996, 1997 y 1998, Cruzeiro) ● 1 Campeonato del estado de Bahía (1992, Vittoria) ● Finalista de la Copa Intercontinental (1997, Cruzeiro) ● Finalista de la Champion League (2005, Milan)

Nelson de Jesús Silva, Dida, nacido el 7 de octubre de 1973 en Irará, es uno de los mejores arqueros del mundo, quizás el más alto (1,95 metros de altura y 85 kilogramos de peso), siempre el más mimoso y uno de los más refinados.

Un tanto impropio para el contexto futbolístico decir "mimoso", pero la sensibilidad de quien fuera el rey imbatible de la portería *rossonera* y que, lesión en el hombro derecho mediante, ha debido soportar que le hicieran goles antes imposibles, está mellada, frágil.

Cada dos por tres el Milan tiene que salir al cruce de las palabras de los fieros periodistas italianos que lo acusan de las caídas del equipo. Cuando no es Ancelloti es Galliani; siempre hay alguien de la dirigencia milanista para desmentir la "inminente" llegada de Francesco Toldo o de Gianluigi Buffon, solo por citar dos nombres propios que se mencionan como reemplazo del brasileño.

A Dida, que antes lo elogiaban sin remedio y con los piropos más encendidos, le critican que no sale a cortar los centros y una suerte de inmovilidad que evidencia últimamente bajo los tres palos "Es la sombra de sí mismo", dijo Tuttosport.

Y Dida, conocido por su seriedad, disciplina e introversión, estalló: "Ya he dicho mil veces que me quiero quedar en el Milan", espetó el portero que lleva más de cien partidos en el seleccionado mayor de su país, con el que debutó en 1995.

De gran presencia física, tiene buenos reflejos y da mucha seguridad a su defensa; es un arquero de gran serenidad conocido por su brillantez y regularidad. A lo largo de su dilatada carrera ha logrado grandes títulos, entre ellos, la Copa Mundial de la FIFA, la Copa FIFA Confederaciones, la Copa América, los campeonatos de liga y de copa brasileños e italianos, la Liga de Campeones de la UEFA y la Copa Libertadores.

La realidad de Dida hoy es que el contrato con la escuadra *rossonera* termina en julio y que luego de ello tiene libre su pase para irse adonde quiera. ¿Se irá al Corinthians? ¿Se irá al Manchester United? ¿Se quedará en Italia?.●

DONI

Después de Francesco Totti, que está en plenitud jugando en el segundo mejor equipo de la liga italiana, el entrenador de la Roma, Luciano Spalleti, a nadie defendería con más fervor que al portero brasileño Donieber Alexander Marangón, Doni, nacido el 22 de octubre de 1979 en Jundiaí.

No es exagerado decir que Spalleti tendrá que pelear con uñas y dientes porque su arquero se quede en el equipo giallorosso: desde que comenzó a llamar la atención con su 1,94 metros de altura y 89 kilogramos de peso, muchos equipos han empezado a coquetearle, como el Manchester United o el Inter.

La fe de Spalleti por ahora tiene recompensa y el representante de Doni, el argentino Mario Miele, ha asegurado que el portero se encuentra muy bien en Roma, al igual que su familia que se ha instalado cómodamente en la capital de Italia.

El guardameta de la Roma desde 2005, es atlético, sobrio y, hoy por hoy, el portero menos vencido del *calcio*. Llegó a Europa procedente del brasileño Juventude por apenas dieciocho mil euros, tiene pasaporte comunitario pues su padre es italiano y ha defendido las porterías del Cruceiro, el Santos, el Corinthians y el Botafogo.

Aunque la *azzurra* no necesita portero (por ahora tiene a Gianluigi Buffon, considerado el mejor del mundo), Doni ya fue tentado para integrar las filas de la Selección Italiana. Ha dicho que no; todo su optimismo está centrado en esperar con ansias la convocatoria de Dunga a la *verdeamarelha*.

"Dunga es un entrenador de cabeza abierta, que está dando oportunidades a todos los jugadores brasileños. Eso me da mucha motivación para seguir trabajando en dirección a ser llamado para la Selección Brasileña. Si no defiendo los colores de mi país, no defenderé los de ningún otro", destacó el jugador.•

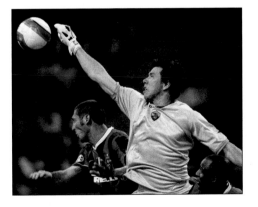

TRAYECTORIA 1999-2001 Botafogo de San Pablo (Brasil) • 2001-2003 Corinthians (Brasil) • 2004-Ene-Jun Santos (Brasil) • 2004-Jun-Dic Cruzeiro (Brasil) • 2005 Juventude (Brasil) • 2005-2007 Roma (Italia) **PALMARÉS** Finalista de la Copa Italia (Roma 2006)

TRAYECTORIA ●1993 XV de Jaú (Brasil) ●1994-2000 San Pablo (Brasil) ●2000-2004 Lyon (Francia) ●2004-2007 Barcelona (España).
PALMARÉS Copa del Mundo (2002, Selección de Brasil) ●1 Champion League de Europa (2006, Barcelona) ●1 Supercopa Conmebol (1996, San Pablo) ●1 Copa Conmebol (1994, San Pablo) ●3 Ligas de Francia (2002, 2003 y 2004, Lyon) ●2 Ligas de España (2005 y 2006, Barcelona) ●2 Copas de Campeones de Francia (2002 y 2003, Lyon) ●1 Supercopa de España (2005, Barcelona) ●2 Ligas Paulistas (1998 y 2000, San Pablo) ●1 Liga Río – San Pablo (2000, San Pablo) ●**Debut en la selección: 18/7/00 ante Paraguay, aunque jugó en 1995 con la sub 23 los Juegos Panamericanos de Mar del Plata.**

EDMILSON

Edmilson José Gómes Moraes, nacido el 10 de julio de 1976 en Taguaritinga, San Pablo, es un defensor brasileño de 1,85 metros de altura y 73 kilogramos de peso, a quien le cuesta mantener cerrada la boca.

Donde hay un micrófono, allí está el defensor azulgrana, declarando tal vez lo que compañeros más famosos como Pujol, Eto'o o Ronaldinho dirían si pudieran hablar con menos riesgo o resonancia. Precisamente, fue Edmilson quien manifestó el deseo de "cuidar a Ronaldinho", anticipando lo que muchos creen que ocurrirá en la Copa América de Venezuela, es decir, que Ronaldinho no irá a disputar el torneo.

"Mourinho dice puras tonterías", dijo cuando aquella polémica memorable entre el entrenador del Chelsea y el equipo catalán.

"Hay que irse a dormir temprano", aconsejó públicamente a algunos compañeros –sin dar nombres —dados a trasnochar impropiamente, justo ahora que el Barsa no es, como antes, imbatible.

Edmilson es un defensor central que tanto puede jugar de defensor como de volante defensivo. Comenzó su carrera en el San Pablo y la rotura del menisco de su rodilla izquierda, lo dejó afuera de Alemania 2006. En el 2004, una rotura de los ligamentos lo había dejado seis meses sin jugar en el Barsa, que acababa de contratarlo por pedido expreso de Frank Rijkaard, quien lo eligió para defender en el centro del equipo.

Galardones no le faltan para estar donde está: Edmilson fue campeón mundial con Brasil en el Corea-Japón 2002 y titular en el Olympique de Lyon, donde contribuyó a ganar tres títulos de la liga francesa.●

EMERSON

Emerson Ferreira Da Rosa, gran defensor de la Juventus nacido el 4 de abril de 1976 en Pelotas, no es el mismo desde que el equipo *bianconero* pasara a la Segunda División italiana a causa de las tristemente célebres corruptelas del *calcio*.

Con 1,82 metros de altura y 80 kilogramos de peso, Emerson tiene un cuerpo privilegiado y un andar felino por las canchas que lo han hecho uno de los jugadores más elegantes de Europa.

Luego del desastre *juventino*, con intento de suicidio de Pessotto incluido, fue convocado por Fabio Capello para integrar las filas del Real Madrid.

Presentado con todos los honores por el presidente Ramón Calderón, quien lo contrató por tres temporadas, el jugador nunca fue demasiado aceptado por la hinchada madridista, a pesar de que hizo un gol frente al Celta en un partido de liga.

Si en Italia lo adoraban, en España no importó demasiado un currículo que describe a un centrocampista de corte defensivo que posee un potente disparo y al que se compara frecuentemente con el jugador francés Claude Makelele.

Con el puesto asegurado en la Selección Brasileña, se quedó sin ir a Corea-Japón a causa de una insólita lesión en el brazo derecho, acontecida mientras hacía de arquero durante un entrenamiento.

En Alemania 2006, donde la *verdeamarelha* sobresalió por su apatía, no pudo mostrar su juego polivalente, su capacidad para crear posibilidades de gol para su equipo y su destreza en la recuperación de balones.•

TRAYECTORIA 1992-1992 Gremio de Porto Alegre (Brasil) • 1993-1994 Botafogo (Brasil) • 1994-1997 Gremio de Porto Alegre (Brasil) • 1997-2000 Bayer Leverkussen (Alemania) • 2000-2004 Roma (Italia) • 2004-2006 Juventus (Italia) • 2006-2007 Real Madrid (España)
PALMARÉS 1 Copa Confederaciones (2005, Selección de Brasil) • 1 Copa América (1999, Selección de Brasil) • 1 Copa Libertadores de América (1995, Gremio) • 1 Recopa Sudamericana (1996, Gremio) • 2 Ligas de Italia (2001, Roma y 2005, Juventus) • 1 Liga de Brasil (1996, Gremio de Porto Alegre) • 2 Copas de Brasil (1994, Botafogo y 1997, Gremio) • 2 Copas de Río Grande Do Sul (1995 y 1996, Gremio) • Finalista de la Copa Italia (2003, Roma) • Subcampeón Copa del Mundo (1998, Selección de Brasil)

TRAYECTORIA
2001-2004 Alianza Lima
(Perú) • 2004-2007 PSV
Eindhoven (Holanda)
PALMARÉS
2 Ligas de Perú (2003 y
Apertura 2004, Alianza
Lima) • 2 Ligas de Holanda
(2005 y 2006, PSV
Eindhoven).

FARFÁN

Jefferson Agustín Farfán Guadalupe, nacido el 28 de octubre de 1984 en Lima, es el mejor jugador de la liga holandesa, principal referente del campeón PSV.

Con 1,74 metros de altura y 72 kilogramos de peso, y un pase cotizado en quince millones de dólares, su futuro parece encaminarse hacia un equipo de primer nivel en la liga italiana o la española.

Originario del barrio limeño Pamplona Alta, uno de los más pobres, jugaba en la calle con una pelota de trapo hasta que a los 11 años su habilidad trascendió y fue fichado por el Deportivo Municipal, que tres años después, cuando solo tenía 14 años, se lo vendió a Alianza Lima en ocho mil dólares.

Farfán, que es considerado en la actualidad el mejor jugador de fútbol que haya salido de Perú en las últimas décadas, es fiel en realidad a una vocación inevitable que comenzó a manifestarse en su primera infancia.

La Foquita, como le dicen en homenaje a su tío Roberto, era casi un niño cuando la ropa, la educación y la buena comida se garantizaban por la práctica del fútbol. Sin embargo, a su madre Rosario le debe la constancia en los estudios, bueno como ha sido en casi todas las materias.

Jugador distinto desde temprana edad, marca goles con la izquierda, con la derecha, desde fuera del área, desde dentro y con la cabeza.

Farfán, que en los equipos donde juega arranca desde mitad de cancha y no hay quien lo pare hasta llegar a la portería rival, fue elegido por la hinchada holandesa como el mejor jugador de la liga; muchos entusiastas de su juego llegaron a compararlo con el mismísimo Rey Pelé.

Delantero muy hábil y veloz, con mucha capacidad goleadora, los veintiún goles en liga con el PSV Eindhoven, campeón de Holanda en 2006, demuestran que nada es exagerado a la hora de hablar de su enorme calidad futbolística.•

FERREIRA PINTO

A driano Ferreira Pinto, nacido el 10 de diciembre de 1979 es un delantero externo, que también juega de carrilero, con desborde y gran habilidad. Prefirió hacerse conocido con los dos apellidos para que no lo confundan con el Adriano del Inter o los otros muchos Adrianos futbolistas brasileños que dan vuelta por el mundo. Llegó a Italia siendo un jugador del ascenso de Brasil y empezó su carrera en la serie C 1, hasta consolidarse en la Serie B, donde sus desbordes y centros se hicieron famosos. Tanto que el Atalanta confió en él. Jugador al que le ha costado mucho llegar a la primera división del fútbol europeo, está devolviendo la confianza recibida con grandes actuaciones.

Oriundo de Quinta do Sol, mide 1,78 metros de altura y pesa 78 kilogramos.•

TRAYECTORIA 1999-2001 Unión Sao Joao (Brasil, 2ª División) ● 2002-2004 Lanciano (Italia, Serie C 1) ● 2004-2005 Perugia (Italia, Serie B) ● 2005-2006 Cesena (Italia, Serie B) ● 2006-2007 Atalanta (Italia, Serie A) **PALMARÉS** No tiene títulos

FIGUEROA

Es la nueva saeta rubia argentina y desde las adolescentes, que lo ven tan bello como Apolo, hasta los que alaban su poderío letal en la confección de goles, Luciano Gabriel Figueroa, nacido el 19 de mayo de 1981 en Rosario, concentra muchas de las expectativas que el futuro del fútbol argentino tiene en la procreación de genios. Sin embargo, todo el carisma que le sobra se ha visto tristemente compensado por la suerte que le falta.

Luciano, de 1,82 metros de altura y 72 kilogramos de peso, uno de los mejores cabeceadores del mundo, del que César Luis Menotti dice que se parece a Mario Kempes, se está dando una tercera oportunidad en Europa tras su accidentado paso por el Birminghman City, de Inglaterra, y el español Villarreal (al que llegó proveniente del mexicano Cruz Azul por casi cuatro millones de dólares), donde la titularidad de su puesto quedó en manos del argentino naturalizado mexicano Guillermo Franco.

Actual del Génova, se recupera de una intervención quirúrgica mal realizada y espera el tiempo que le permita demostrar sus cualidades positivas para el fútbol, entre ellas la adaptación al estilo de cada equipo al que se integra y el cabezazo que lo ha hecho famoso y temible.

En la Selección Argentina tiene un sitio, aunque le va a seguir resultando difícil acoplarse a la dupla titular conformada por Hernán Crespo y Javier Saviola.

"No queremos rescindir el contrato. Cuando lo adquirimos, sabíamos cuáles eran sus condiciones y estábamos conscientes de los riesgos que corríamos", afirmó el director deportivo del Génova, club que está dispuesto a esperarlo hasta junio, cuando el jugador recupere su forma plena.•

TRAYECTORIA 2001-2003 Rosario Central (Argentina) • 2003-Jun-Oct Cruz Azul (México) • 2003-2004 Birmingham City (Inglaterra) • 2004-Jun-Nov Cruz Azul (México) • 2004-2006 Villarreal (España) • 2006-Ene-Jun River Plate (Argentina) • 2006-2007 Génova (Italia)
PALMARÉS 1 Medalla de Oro en los Juegos Olímpicos (2004, Selección Argentina) • Finalista de la Copa América (2004, Selección Argentina) • Finalista de la Copa Confederaciones (2005, Selección Argentina) • **Debut en la selección: 27-06-04, Colombia – Argentina** • 15 partidos internacionales y 9 goles.

FONSECA

Si José Francisco Fonseca Guzmán, Kikín, nacido el 2 de octubre de 1979 en León, Guanajuato, no hubiera sido futbolista, se habría dedicado a la comunicación o a la psicología. El delantero más mediático del fútbol mexicano contemporáneo, de 1,84 metros de altura y 79 kilogramos de peso, sabe decir lo justo en el momento adecuado desde que debutó en la profesión, el 22 de julio de 2001.

"Mi mejor gol es el próximo", repite con picardía cuando le quieren hacer elegir entre sus hazañas.

Apasionado, simpático, el buen chico que jamás niega un autógrafo o una entrevista al final del partido, también sabe anotar. Su récord es llamativo: ya lleva cuatro partidos en los que ha marcado tres goles.

Heredó su apodo, Kikín, de un hermano muerto prematuramente y a quien siempre dedica sus logros.

Pequeña gran máquina de facturar del sistema publicitario del fútbol mexicano, Fonseca fue en sus inicios un prometedor jugador de beisbol. También se animó con el basquetbol. Descubrió el balompié cuando tenía 17 años y desde entonces nadie le ha ganado en perseverancia, paciencia y dedicación para obtener su primera oportunidad profesional.

Tuvo su paso por Europa al ser contratado por el Benfica luego del Mundial de Alemania. Con el equipo portugués disputó ocho partidos de liga, marcó un gol y disputó trece minutos en seis partidos de Champions League.

No pierde las esperanzas. Él quiere regresar al Viejo Continente. Mientras tanto, en uno de los pases más caros de la historia del fútbol azteca, llegó a Tigres Rayados de Monterrey como el gran salvador.

Hugo Sánchez lo ha convocado para la Selección y se esperan grandes cosas de Kikín en la próxima Copa América.

TRAYECTORIA 2000-2001 Venados de Yucatán (1 A – México) • 2001-2002 La Piedad (México) • 2002-2005 Pumas (México) • 2005-2006 Cruz Azul (México) • 2006-Jun-Dic Benfica (Portugal) • 2007 Tigres (México) **PALMARÉS** 2 Ligas de México (Clausura y Apertura 2004, Pumas) • 1 Campeón de Campeones (2004, Pumas) • 1 Copa Santiago Bernabéu (2004, Pumas)

TRAYECTORIA 1997 Peñarol (Uruguay) ● 1998 Ene-Jun Danubio (Uruguay) ● 1998-2001 Independiente (Argentina) ● 2001-2004 Manchester United (Inglaterra) ● 2004-2005 Villarreal (España) ● 2005-Jun-Ago Manchester United (Inglaterra) ● 2005-2007 Villarreal (España)
PALMARÉS 1 Liga de Inglaterra (Manchester United, 2003) ● 1 F.A. Cup de Inglaterra (Manchester United, 2003) ● 1 Copa Intertoto (Villarreal, 2004) ● Goleador de la liga española (Premio Pichichi 2005 Villarreal, marcó 25 goles en 38 partidos) ● 31 partidos en la selección de Uruguay, 9 goles. Jugó el Mundial 2002

FORLÁN

E s rubio y silencioso. En la cancha, es un verdadero correcaminos, aunque nunca se ve el coyote tras Diego Pablo Forlán, nacido el 19 de mayo de 1979 en Montevideo.

Símbolo de un fútbol que vive de las glorias pasadas, es una verdadera pena que Uruguay no levante cabeza para aprovechar, entre otros, la calidad humana y futbolística del jugador del Villarreal. Como sea, el muchacho ya ha renunciado a la Celeste, enojado porque cuando lo convocan es más el tiempo que pasa en el banco de suplentes que en la cancha.

Con 1,72 metros de altura y 75 kilogramos de peso, su prestancia y seguridad en los campos de juego son herencia familiar. Al fin y al cabo, Dieguito es hijo del mejor lateral derecho en la historia uruguaya y nieto de Juan Carlos Corazzo, entrenador de la Selección Charrúa en 1962. Nuestro chico intentó zafarse jugando tenis, de tanto balompié, pero los primeros raquetazos le demostraron que su futuro no estaba ahí.

Delantero rápido y astuto, con gran poder de definición, Forlán tuvo de tutor a César Luis Menotti, gran amigo de su padre, que lo llevó durante cuatro temporadas a Independiente de Argentina. El haberse recibido de profesor de inglés en su tiempo libre, le fue de mucha utilidad cuando lo traspasaron al Manchester United, donde se hizo gran amigo de Ruud Van Nistelrooy, a quien reencontró en la liga española.

Este embajador de buena voluntad por UNICEF (reemplazó en el cargo al enorme ex futbolista Enzo Francescoli), dirige junto a su padre una escuela de fútbol para niños, se hizo deportista en honor a su hermana pequeña, a quien un accidente automovilístico la confinó a una silla de ruedas y tiene como comida preferida las milanesas con puré que le cocina su mamá. ●

TRAYECTORIA 1996-2002 San Lorenzo (Argentina) ● 2002-2005 Monterrey (México) ● 2006-2007 Villarreal (España)

PALMARÉS 1 Copa Mercosur (2001, San Lorenzo) ● 1 Liga de Argentina (Clausura 2001, San Lorenzo) ● 1 Liga de México (Apertura 2002, Monterrey) ● Subcampeón de México (Apertura 2004, Monterrey) ● Semifinalista de la Liga de Campeones de Europa (2006, Villarreal)

FRANCO

Guillermo Luis Franco nació el 3 de noviembre de 1976 en Corrientes, una provincia del litoral argentino.

Con 1,82 metros de altura y 76 kilogramos de peso, su mayor desarrollo profesional lo obtuvo en México, país del que adoptó la nacionalidad y por el que vistió la camiseta del seleccionado.

Atleta nato, practicó la natación, el basquetbol, el rugby y el remo, pero fue el balompié el que le hizo destacar ahora en el Villarreal del chileno Manuel Pellegrini y antes en el Monterrey de Daniel Alberto Pasarella.

Tiene como ídolo a Michael Jordan y su estilo de juego en el balompié está inspirado en el baloncesto, disciplina que le ha ampliado la visión en el campo.

Delantero astuto, con técnica depurada, buen rematador de cabeza, domina también el mediocampo con un fuerte carácter que no ha conseguido atenuar su devoción cristiana.

Franco es un Atleta de Cristo, agrupación a la que lo llevó el brasileño Paulo Silas. Eso sí, cuando el rival le reclama alguna que otra brusquedad en el partido, Guille contesta: "Soy cristiano, no tarado."

Su vida es vista como un verdadero milagro: una premonición materna, sin ningún asidero médico, lo salvó de no nacer.

Cuentan en la página de la FIFA otra historia curiosa:

"Un día, cuando tenía nueve años, Guillermo salió de la ducha y, empapado, fue a buscar algo de beber al viejo refrigerador de su abuela. Al ir a abrirlo recibió una descarga eléctrica de 120 vatios. Aunque lo tiró al suelo, el chico consiguió pedir ayuda. Eva lo oyó gritar, corrió hacia la cocina e intentó apartar a su nieto del refrigerador con una mano mientras agarraba una silla de madera con la otra. Ambos se electrocutaron durante varios minutos, pero sobrevivieron."●

FRED

Entre los pocos brillos mostrados por la paquidérmica Selección Brasileña en Alemania 2006, el expelido por el delantero más veloz del mundo, Federico Chaves Guedes, refulgió para demostrar que al fútbol de ese país sudamericano, le falta todo, menos futuro.

Nacido el 3 de octubre de 1983 en Minas Gerais, apodado Fred, con 1,85 metros de altura y 75 kilogramos peso, fue ídolo del Cruzeiro, batiendo récords de goleo en la temporada 2004-2005. Precisamente, mientras él se despatarraba en las canchas festejando los goles y declarando luego ante la prensa que no deseaba salir de Brasil, tenía lugar una verdadera puja entre diferentes clubes europeos para alzarse con sus servicios.

"Tengo un contrato bastante largo (hasta 2009) y quiero dejar muy claro a todos los aficionados del Cruzeiro que soy muy feliz aquí, en mi actual club", decía el jugador.

El Sevilla de José María del Nido, en tanto, no podía juntar los diez millones de euros que valía su pase; no le llegaron tampoco los seis millones al Nantes, ni al CSKA de Moscú.... finalmente el Lyon de Francia desembolsó 18,5 millones de euros y se quedó con Fred, a quien Alberto Parreira había hecho debutar con la *verdeamarelha* en un partido frente a Guatemala.

Parece más un delantero europeo que un brasileño; tanto que se lo compara más con Gabriel Batistuta que con Ronaldo, a quien reemplaza ahora en la Selección Brasileña que dirige el legendario Dunga.•

TRAYECTORIA 2003-2004 América de Minas Gerais (Brasil) • 2004-2005 Cruzeiro (Brasil) 2005-2007 Lyon (Francia) **PALMARÉS** 1 Liga de Francia (2006, Lyon) •
Debut en la selección: 27-4-05; Brasil 3 – Guatemala 0, 9 partidos – 4 goles.

GALINDO

TRAYECTORIA 2001-2006 Cruz Azul (México) • 2006-Jun-Dic Hércules (España) • 2007 Grasshoppers (Suiza). **PALMARÉS** No tiene títulos.

Aarón Galindo nació el 8 de mayo de 1982 en el Distrito Federal. Zaguero central de 1,82 metros de altura y 78 kilogramos de peso, puede tanto jugar de *líbero* como marcar en zona. Tiene buen manejo de balón, es un gran cabeceador, aunque la única gambeta que no pudo hacer en su vida casi lo deja afuera de la práctica profesional de fútbol.

Detectado un doping positivo en la Copa Confederaciones de Alemania, junto a Salvador Carmona, estuvo un año suspendido y sin club, luego de una larga temporada en el Cruz Azul, de México, de cuyas divisiones infantiles había surgido.

Recaló finalmente en la Segunda División española para jugar en el Hércules, donde no tuvo muchos minutos en cancha, tras lo cual fue vendido al Grasshoppers, de la Primera División suiza.

Es un defensor central fino y técnico, considerado por el medio mexicano como el sucesor natural de Rafael Márquez. Participó en el Torneo Olímpico de Fútbol Atenas 2004, donde tuvo una buena actuación. Debe adquirir mayor regularidad y evitar perder la concentración. Si lo consigue, podrá afianzarse en un puesto titular de cara a la Copa América de Venezuela 2007.•

GALLETTI

Luciano Martín Galletti, nacido el 9 de abril de 1980 en La Plata, provincia de Buenos Aires, es una de las grandes promesas del fútbol argentino. "Una de sus virtudes es la visión que tiene del juego. También le destaco su entrega, su solidaridad", dice el mismísimo padre de Luciano, un ex futbolista que fue campeón con Estudiantes y River Plate.

Precoz, Luciano participaba en las concentraciones de su padre cuando apenas tenía 2 años y, como era de esperarse, antes de que cumpliera los 20, ya estaba jugando en Europa.

Delantero externo con desborde, habilidad y mucha velocidad, Luciano no tuvo un paso fructífero por el Parma, primero, y luego por el Nápoli, por lo que en el 2000 regresó a Argentina para jugar con Estudiantes.

Por cinco millones de dólares fue vendido al Zaragoza. Ahora es uno de los jugadores del Vasco Aguirre en el Atlético de Madrid, al que llegó formando parte del frustrado proyecto de Carlos Bianchi.

Con 1,75 metros de altura y 75 kilogramos de peso, marcó un gol histórico durante la etapa clasificatoria para el Mundial de Alemania 2006, anotando contra Bolivia y propiciando el triunfo de Argentina, que volvió a ganar en La Paz después de treinta y dos años sin hacerlo.

En Madrid, admira a su técnico Javier Aguirre y hace de anfitrión al Kun Agüero, "la joyita" del equipo, según ha definido el entrenador mexicano de los colchoneros.•

TRAYECTORIA 1997-1999 Estudiantes de La Plata (Argentina) • 1999-Jun-Dic Parma (Italia) • 2000-Ene-Jun Nápoli (Italia) • 2000-2001 Estudiantes de La Plata (Argentina) • 2001-2005 Zaragoza (España) • 2005-2007 Atlético de Madrid (España)
PALMARÉS 1 Campeonato Sudamericano Sub 20 (2000, Selección Argentina) • 1 Copa del Rey de España (2004, Zaragoza) • 1 Supercopa de España (2004, Zaragoza) • Finalista de la Copa Confederaciones (2005, Selección Argentina) • **Debut en la selección: 20-12-00, Argentina 2 – Chile 0; 13 partidos y 2 goles en la selección.**

GILBERTO SILVA

ara Gilberto Aparecido Da Silva, nacido el 7 de octubre de 1976 en Minas Gerais, resulta mucho más redituable cuidar las espaldas de Cesc Fabregas en el Arsenal que alimentar las bocas de sus parientes en Lagoa da Prata, donde nació y vivió una infancia muy dura.

Con su sueldo en uno de los equipos más importantes del mundo, con 1,85 metros de altura y 79 kilogramos de peso, y un juego generoso, siempre dispuesto a favorecer las maniobras de compañeros más creativos, no solo puede mantener a su familia, sino también olvidarse de probar suerte en diferentes oficios.

Y es que Gilberto fue mueblero, vendió caramelos y hasta abandonó la práctica del balompié cuando quedó a cargo de sus hermanos. Por suerte para

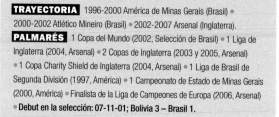

TRAYECTORIA 1996-2000 América de Minas Gerais (Brasil) • 2000-2002 Atlético Mineiro (Brasil) • 2002-2007 Arsenal (Inglaterra).
PALMARÉS 1 Copa del Mundo (2002, Selección de Brasil) • 1 Liga de Inglaterra (2004, Arsenal) • 2 Copas de Inglaterra (2003 y 2005, Arsenal) • 1 Copa Charity Shield de Inglaterra (2004, Arsenal) • 1 Liga de Brasil de Segunda División (1997, América) • 1 Campeonato de Estado de Minas Gerais (2000, América) • Finalista de la Liga de Campeones de Europa (2006, Arsenal) • Debut en la selección: 07-11-01; Bolivia 3 – Brasil 1.

el fútbol, su retiro duró solo tres años y, gracias a la labor de convencimiento de unos buenos amigos, volvió a probar suerte en el Mineiro.

La Muralla Invisible, como lo llaman, regresó a la práctica profesional y su suerte cambió cuando Felipe Scolari lo llevó al Mundial de Corea-Japón. Decían en Brasil durante el torneo que "Gilberto Silva es quien lleva el piano para que Rivaldo y Ronaldo lo toquen". Su marcación a David Beckham en cuartos de final ya ha pasado a la historia. En su primera temporada con el Arsenal, marcó el gol más rápido de la historia de la Liga de Campeones de la UEFA: a los veinte segundos, contra el PSV Eindhoven.

Cuenta Sergi Solé en una hermosa crónica publicada en el *Mundo deportivo*, que "Su carácter cuadra también con su pasión por la mandolina, que toca como los ángeles. Su estilo de vida, equiparable al de los azulgrana Edmilson y Silvinho, le ha llevado a implicarse en proyectos de beneficencia como la 'Street League', que fomenta la práctica del fútbol y la cultura entre vagabundos de Londres."•

TRAYECTORIA 1999-2001 Demócrata (Brasil) ● 2001-2004 Cruzeiro (Brasil) ● 2004-2007 PSV Eindhoven (Holanda).
PALMARÉS 1 Copa de Confederaciones (2005, Selección de Brasil) ● 2 Ligas de Holanda (2005 y 2006, PSV Eindhoven) ● 1 Liga de Brasil (2003, Cruzeiro) ● 1 Copa de Holanda (2005, PSV Eindhoven) ● 1 Copa de Brasil (2003, Cruzeiro) ● 3 Ligas de Minas Gerais (2001, 2003 y 2004, Cruzeiro) ● 2 Copas Sul Minas (2002 y 2003, Cruzeiro) ● 1 Supercopa de Minas Gerais (2002, Cruzeiro)

GOMES

Heurelho Silva Gomes, nacido el 15 de febrero de 1981 en Joao Pinheiro, Minas Gerais, ha sido elegido por el legendario Dunga, ex futbolista y actual entrenador de la selección brasileña, para suplir nada más ni nada menos que a Dida, uno de los mejores porteros del mundo.

Con 1,91 metros de altura y 82 kilogramos de peso, Gomes hace valer su gran presencia física en la portería, al tiempo que posee un carácter sobrio y mucha seguridad para cortar los centros.

Sus compañeros respiran cuando él cuida los palos y está tan valorado, que el mismísimo Corinthians se ha mostrado dispuesto a pagar los nueve millones de dólares que cuesta su ficha de rescisión con los holandeses del PSV.

No se sabe si el guardameta regresará a la tierra que dejó cuando tenía 23 años y brillaba en el Cruzeiro, pero hasta ahora el portero sueña en europeo y se siente a gusto en el equipo que dirige el gran Ronald Koeman, el más latinoamericano de la liga holandesa.

Gomes se hizo portero por casualidad, al ser anotado en ese puesto, el único disponible, en un torneo de fútbol en la arena que se disputó en la localidad mineira de Sete Lagoas. El muchacho tenía entonces 17 años y su lucimiento le permitió formar parte de las divisiones inferiores del Cruzeiro. Con este equipo estuvo cuatro temporadas, la última de las cuales puso en riesgo sin querer su futuro futbolístico: en un partido por la Copa Libertadores, en el quese fracturó los huesos de una mano. Su tenacidad y empeño le dieron la posibilidad de regresar a los dos meses a la Primera División internacional. Hoy está considerado el arquero titular de la selección brasileña. ●

GRIMI

Leandro Damián Grimi fue una de las sorpresas de la temporada reciente, cuando el mercado explotó a causa de la convocatoria que le hizo, nada más ni nada menos, que el Milan de Carlo Ancelotti.

El jugador, nacido el 9 de febrero de 1985 en la provincia de Santa Fe, había jugado apenas quince partidos en la Primera División de la liga argentina: once en el Apertura 2006 con Racing y cuatro en la promoción con Huracán, equipo con el que tuvo no pocos problemas a causa de su mal carácter.

Con 1,82 metros de altura y 74 kilogramos de peso, Leo, como lo llaman sus amigos y familiares, es un defensor sin cartel pero con muchas ilusiones y al que el azar le dio la oportunidad de probar su talento en el equipo donde juega su ídolo, Paolo Maldini.

Grimi es el noveno argentino en la no muy larga lista histórica de la escuadra *rossonera* y por él se pagaron unos dos millones de euros, mediante un pase que lo desligó de Racing Club, con el que tenía contrato por seis meses más y le dio una plaza de local en el Milan, beneficiado por el pasaporte comunitario que posee el jugador.

"Quiero convertirme en el nuevo Maldini y aprender mucho de él. Él es mi modelo. Soy un lateral zurdo que pasa al ataque y si Dios quiere podría ser el nuevo Maldini", dijo el futbolista. En Argentina, lo llaman La Cenicienta del fútbol. En Italia, todavía no lo conocen mucho, aunque cuando llegó a Milán, hicieron una fiesta "con champán y todo" para celebrar su incorporación a la escuadra *rossonera*. Todavía no habla bien el italiano; el jugador Ricardo Oliveira es su mejor profesor.•

TRAYECTORIA 2004-2006 Huracán (Argentina – 2° División) • 2006-Jun-Dic- Racing Club (Argentina) • 2007 Milan (Italia).
PALMARÉS No tiene títulos

HEINZE

Gabriel Iván Heinze, hijo de padre alemán y madre italiana, nació el 19 de marzo de 1978 en Crespo, Entre Ríos, en Argentina.

Con una sonrisa a prueba de todo (de hecho, sus admiradores le dicen sonry), 1,78 metros de altura y 72 kilogramos de peso, se ha convertido en uno de los mejores defensores del mundo.

Marcador lateral zurdo o zaguero central con mucha fuerza y temperamento, tiene gran capacidad para la marca, tanto en el puesto de *stopper* como en el juego en zona.

Heinze es puntal defensivo de la Selección Argentina, donde forma pareja central con Fabián Ayala, y del Manchester, donde juega como lateral por izquierda con marca y proyección. Una grave lesión lo postergó y llegó al Mundial de Alemania sin ritmo, por lo que le costó adaptarse, aunque era importante para el esquema de José Pekerman y lo seguirá sin duda siendo para el Coco Basile. Lucha por la titularidad en su equipo, mientras llueven ofertas de Francia, España e Italia.

Padre de dos niños, Paula y Agustín, Gabriel se siente muy cómodo en Inglaterra y no piensa más que en renovar su contrato con el equipo de Sir Alex Ferguson.

El logro más importante en su carrera deportiva aconteció el 29 de agosto, cuando integrando un conjunto de juveniles, en el que había solo tres jugadores mayores (uno de ellos era él), obtuvo la medalla dorada en los Juegos Olímpicos Atenas 2004.•

TRAYECTORIA 1997-1998 Newell's Old Boys (Argentina) • Enero-Junio 1998 Valladolid (España) • 1998-1999 Sporting de Gijón (España) • 1999-2001 Valladolid (España) • 2001-2004 París Saint Germain (Francia) • 2004-2007 Manchester United (Inglaterra).
PALMARÉS 1 Copa de Inglaterra (2006, Manchester United) • 2003 Finalista de la Copa de Francia (2003 París Saint Germain)

JIMÉNEZ

TRAYECTORIA 2001-2002 Palestino (Chile) ● 2002-2005 Ternana (Italia) ● 2006-Ene-May Fiorentina (Italia) ● 2006-May-Jun Ternana (Italia) ● 2006-2007 Lazio (Italia) **PALMARÉS** No ha ganado títulos. ● **Debut en la selección: 28/4/04. Jugó 10 partidos.**

Luis Antonio Garcés Jiménez nació el 17 de junio de 1984 en Santiago de Chile. Con 1,82 metros de altura y 75 kilogramos de peso, es un volante ofensivo zurdo que juega principalmente en la mitad de la cancha, pero desborda como delantero.

Una de las últimas cosechas del aguerrido balompié chileno, apodado El Mago, aplica una gran inteligencia en el campo de juego al tiempo que hace gala de una gran paleta de recursos a la hora de mover la pelota con vistas al arco del rival.

En su carrera tiene mucho que ver su madre Elsa Garcés, que lo llevó a los 10 años a jugar a Palestino y lo convenció para que volviera cuando el chico había caído en un bajón anímico que amenazaba con alejarlo para siempre del fútbol. A los 16 años lo vieron en un seleccionado Sub 17 y un grupo empresario lo compró en quinientos cincuenta mil dólares para llevarlo a Italia. Ni siquiera había debutado en Palestino. Dejó pendiente su matrícula para empezar la carrera de Psicología, aunque hoy prefiere ser *somelier*, navegar en Internet y escuchar música, otra de sus pasiones. Está casado con la cantante y compatriota María José López.

Habla perfectamente el italiano, cada día conoce un nuevo vino y quiere hacerse tiempo para estudiar fotografía.●

JULIO CÉSAR

Julio César Soáres Espíndola, nacido el 3 de septiembre de 1979 en Río de Janeiro, se siente especial. Al igual que su colega del Valencia, Santiago Cañizares, el portero carioca, de 1,87 metros de altura y 79 kilogramos de peso, está convencido de que ser arquero es algo particular:

"Un portero es una persona diferente, para comenzar, nos vestimos distinto. Los arqueros siempre trabajamos en busca de la perfección, aun cuando sabemos que nunca la conseguiremos."

Su personalidad extrovertida, su confianza bajo los palos y su enorme concentración lo han hecho imprescindible para su equipo y enormemente popular en su país. Se hizo conocido para el resto de Latinoamérica cuando atajó el penal a Andrés D'Alessandro por el que Brasil obtuvo la Copa América 2004. Nacido en los suburbios de Río de Janeiro, empezó en el Flamengo a los 6 años y fue el arquero Sub 17 campeón del Mundo. Cuando llegó a Italia no pudo fichar por el Inter, porque tenía cubierto el cupo de extranjeros, por lo que fue cedido por seis meses al Chievo Verona.

Cuando finalmente pudo arribar a la escuadra de Roberto Mancini, ocupó el puesto de Francesco Toldo. Ahora, está a punto de ganar un *scudetto*.

Le gusta hablar y aparecer en la prensa. Está casado con la modelo y actriz Susana Werner, ex novia de Ronaldo; con ella ha tenido su primer hijo, de nombre Cauet.

Ídolo de la hinchada del Flamengo, es carismático, tiene espíritu de equipo y un enorme futuro por delante.•

TRAYECTORIA 1998-2004 Flamengo (Brasil) • 2005-Ene-Jun Chievo Verona (Italia) • 2005-2007 Inter (Italia) **PALMARÉS** 1 Copa América (2004, Selección de Brasil) • 1 Copa del Mundo Sub 17 (1997, Selección de Brasil) • 1 Liga de Italia (2006, Inter) • 1 Copa de Italia (2006, Inter) • 4 Ligas Cariocas (1999, 2000, 2001 y 2004, Flamengo) • 1 Copa de Río de Janeiro (2001, Flamengo) • 1 Copa Guanabara (2004, Flamengo)

JUNINHO PERNAMBUCANO

Antonio Augusto Ribeiro Reis Junior, Juninho Pernambucano, nacido el 30 de enero de 1975 en Recife, no olvidará jamás las patadas que le dio Philippe Mexes durante una visita que el Lyon le hizo a la Roma, por la Champions League. Al parecer, los romanistas se desesperaron ante su calidad y trataron de dejarlo inhabilitado para el siguiente encuentro.

Es que aun con 32 años, Juninho está muy vigente y sigue siendo muy temido por sus rivales, sobre todo cuando por la derecha participa en el juego como enganche, demostrando que es un rey del mediocampo.

Ídolo en el fútbol galo, llevó al Olimpique Lyonnais —equipo al que llegó convocado por el técnico Bernard Lacombe— a ganar cinco títulos de liga.

Ídolo también fue del Vasco Da Gama, para el que jugó durante seis fructíferas temporadas. Mide 1,79 metros y pesa 74 kilogramos y a pesar de ser un jugador muy querido por la *torcida* brasileña, la selección ya no es para él. Decepcionado con el rendimiento de *canairinha* en Alemania, se quitó para siempre la camiseta *verdeamarelha* y pidió que los compañeros de su edad hicieran lo mismo: "Todos los mayores de treinta años debemos dejar la selección para dar paso a los jóvenes. Ya cumplimos con nuestro ciclo, aunque nos tengamos que ir en el momento más ruin", casi vociferó.

Especialmente importantes son sus goles a balón parado. Su gol de falta más lejano fue desde una distancia de cuarenta metros, frente al AC Ajaccio, en la temporada 2005-06. Sus lanzamientos de falta y asistencias han sido vitales para el reciente éxito del equipo y le han valido el título del Mejor Jugador del Año en Francia en la temporada que pasó.

No hay patada que lo detenga, según vemos.•

TRAYECTORIA 1993-1994 Sport Recife (Brasil) • 1995-2001 Vasco da Gama (Brasil) • 2001-2007 Lyon (Francia).
PALMARÉS 1 Copa Confederaciones (2005, Selección de Brasil) • 1 Copa América (2004, Selección de Brasil) • 1 Copa Libertadores de América (1998, Vasco da Gama) • 5 Ligas de Francia (2002, 2003, 2004, 2005 y 2006, Vasco da Gama) • 2 Ligas de Brasil (1997 y 2000, Vasco da Gama) • 2 Copas de Campeones de Francia (2003 y 2004, Lyon) • 1 Copa Río – San Pablo (1999, Vasco da Gama) • 1 Torneo Esperanzas de Toulón (1995, Selección Sub 20 de Brasil) • 1 Torneo de Pernambuco (1994, Sport Recife) • Mejor jugador brasileño Revista *Placard* 2000 • Mejor jugador extranjero en la liga de Francia 2004 • **Debut en la selección: 28-03-99, Corea del Sur 1 – Brasil 0; 44 partidos y 7 goles.**

TRAYECTORIA 2001-2003 San Pablo (Brasil) • 2003-2007 Milan (Italia). **PALMARÉS** 2002 Campeón Mundial (Selección Brasil) • 2004 Campeón de Italia (Milan) • 2001 Campeonato Río San Pablo (San Pablo) • 2004 Copa América (Selección de Brasil) • 2005 Copa Confederaciones (Selección de Brasil) • Finalista Copa de Campeones de Europa (2005, Milan)

KAKÁ

El fútbol contemporáneo ya no puede entenderse sin la presencia de Ricardo Izecson Santos, Kaká, nacido el 15 de mayo de 1982 en Brasilia, dueño de un estilo exquisito para jugar al fútbol y para hacerse notar en cualquier cancha en que ponga su privilegiado cuerpo.

Tiene un rostro de niño por el que se pelean los diseñadores (junto con su ex compañero del Milan, Andrei Shevchenko, protagonizó una campaña para Giorgio Armani); tiene un carácter afable, producto quizás de su conocida afición al Evangelismo, religión de la que es militante activo. Mide 1,84 metros y pesa 75 kilos.

"En Brasil tenemos buenos jugadores en distintos puestos, pero creo que el mejor en estos momentos es Kaká. Es muy habilidoso y ya es uno de los mejores futbolistas del mundo", ha dicho Pelé de quien suelen llamar el Pelé Blanco.

"En el campo siempre asume el máximo de riesgos y rara vez se equivoca", reconoce el ex seleccionador brasileño, Carlos Alberto Parreira.

Originario de una familia de clase media con aspiraciones culturales, Ricardo creció en San Pablo y su afición al fútbol fue creciendo en correspondencia con su amor por el Milan, club al que finalmente pudo llegar. En el mercado de verano estuvo a punto de fichar para el Real Madrid. La verdad, es que uno de esos pocos jugadores a los que costará verlo con otra camiseta que no sea la *rossonera*. Frente a la posibilidad de irse de la institución lombarda, el brasileño antepone su conocida y elogiada sonrisa y nada opina.

En la Selección Brasileña, Kaká es el estratega, eje de todos los ataques y el socio predilecto de Ronaldinho en el juego. Todos lo quieren, todos lo admiran.•

TRAYECTORIA 2001-2006 Lecce (Italia) • 2006-2007 Lazio (Italia) **PALMARÉS** No tiene títulos.

CRISTIAN LEDESMA

Cristian Daniel Ledesma, nacido el 24 de septiembre de 1982 en Entre Ríos, fue sacado por su padre del plantel de Boca Juniors cuando el jugador tenía apenas 17 años.

Ejerciendo la ley de Patria Potestad (los hijos menores son propiedad del padre y la madre y no de los clubes), el niño fue trasladado al Lecce de Italia, en virtud de un pase que alcanzó los ochocientos mil dólares.

En una entrevista otorgada al diario deportivo *Olé*, Ledesma dio detalles de su polémica ida de la escuadra azul y amarilla:

"Estaba en las Inferiores de Boca e integraba el Sub 20 de Hugo Tocalli, pero conmigo los dirigentes de Boca no se portaron bien. Primero, no me avisaron de que había sido convocado para la Selección; recién me enteré por el llamado de un compañero, Roberto Colautti. Después fui a pedir para que me pagaran por lo menos la plata del colectivo, y sabés que me negaron setenta centavos por el *bondi*. Ellos querían hacerme firmar un contrato sin cumplir la mayoría de edad y sin avisarle nada a mi padre. Me cansé, le dije que no y aproveché para probar suerte en Italia. Tuve la fortuna de que algunos dirigentes me habían visto en el torneo de Belinzona (Suiza) con el juvenil de Boca, y acá estoy."

Tiene razón Cristian: el viaje parece haber sido una buena opción toda vez que el centrocampista acaba de firmar un jugoso contrato con la Lazio, que lo retendrá por lo menos hasta la temporada 2009.

Hace seis temporadas que Cristian está en Europa y hace por lo menos tres que es el mejor número 5 del torneo italiano. Por si fuera poco, se casó con una muchacha de Lecce, con la que ya es padre de dos niños.

Le dicen El Malo y antes de que se arreglara su primer contrato importante en Italia, deambuló por pensiones de mala muerte, viviendo "casi como un prófugo, con la ilusión de volver a jugar y con la firme intención de no retornar a Boca", confesó.

De 1,80 metros de altura y 78 kilogramos de peso, es un volante central de gran manejo y mucha marca. En la Lazio es titular inamovible.•

LÓPEZ

uis Diego López, nacido el 22 de agosto de 1974 en Montevideo, es una clara muestra del rudo fútbol uruguayo, enmarcado dentro de la más rancia tradición de los zagueros de esa nación sudamericana.

Comparado a menudo con Paolo Montero, Diego López es más rápido que su famoso compatriota, aunque comparte con aquel el alma de líder que los lleva a ambos a destacarse en el equipo donde estén.

De 1,80 metros de altura y 76 kilogramos de peso, Diego es el subcapitán del Cágliari, equipo italiano al que llegó hace nueve años proveniente de España.

El zaguero de la selección que ganó la Copa América y que, según una curiosidad que citan en la página de su club, ha leído *El código Da Vinci* en italiano y vivió, como todos los nacidos en su país, la triste eliminación del seleccionado para Alemania 2006.

Es de esperar que no siga el camino de muchos de sus compatriotas quienes, a raíz de esa frustración, renunciaron a la Celeste.

No son tiempos fáciles para el fútbol charrúa, si además se contabiliza el grave accidente automovilístico que dejó sin una pierna a Darío Silva, otro valor inmenso del balompié uruguayo que había compartido varias temporadas con López en el Cágliari.

Diego López se mostró afligido y "destruido" por la noticia del accidente. "Es una tragedia que me ha golpeado profundamente. Ante dramas de tal magnitud, las palabras suenan vacías e inútiles. Únicamente se puede estar cercanos a Darío y a su familia", comentó.

Amigo y admirador de Álvaro Recoba, Diego es un muchacho afable y gentil. Vive en Italia con su esposa Virginia, uruguaya como él.•

TRAYECTORIA 1994-1996 River Plate (Uruguay) • 1996-1998 Rácing de Santander (España) • 1998-2007 Cágliari (Italia)
PALMARÉS 1 Copa América (1995, Selección de Uruguay)

LUCIANO

Luciano Siqueira de Oliveira nació el 3 de diciembre de 1975 en Río de Janeiro. Externo derecho que puede jugar tanto de delantero como de volante con habilidad y desborde, el actual jugador del Chievo Verona, tiene 1,80 metros de altura y 80 kilogramos de peso.

Su historia casi de historietas la contó Maurizio Crocetti en *La Repubblica*: "Mattia Heriberto, de profesión futbolista, se despertó una mañana y decidió que no podía jugar y vivir más con el nombre, la edad, la identidad y el destino de otro."

"No me llamo Heriberto sino Luciano, tengo 23 años, no 27, no puedo seguir fingiendo y quiero que mi hijo, al menos él, tenga su nombre verdadero", manifestó para revuelo de todo el mundo futbolístico italiano.

La sinceridad lo hizo libre aunque le proporcionó también seis meses de inactividad y una gruesa multa.

El jugador representó de ese modo uno de los casos más llamativos de "doble identidad", porque llegó a Italia como Heriberto Conceicao Da Silva, nacido el 21 de enero de 1979 y así jugó hasta el año 2002, cuando reveló que tenía documentos falsos y que se los había proveído el Palmeiras para poder venderlo, debido a su edad. Fue suspendido por un año por la Federación Italiana, pero después le achicaron la pena a seis meses y tuvo que pagar ciento sesenta mil euros para poder volver a jugar. Tuvo un fugaz paso por el Inter, aunque es una figura significativa del Chievo Verona.•

TRAYECTORIA 1997-1998 Palmeiras (Brasil) • 1998-2000 Bologna (Italia) • 2000-2003 Chievo Verona (Italia) • 2004-Ene-Jun Inter (Italia) • 2004-2007 Chievo Verona (Italia) **PALMARÉS** 1 Liga Italia Serie B (2001, Chievo Verona)

TRAYECTORIA 1996 Planaltina de Brasilia (Brasil) • 1997 Gama de Brasilia (Brasil) • 1997-2000 Internacional de Río Grande Do Sul (Brasil) • 2000-2004 Bayer Leverkusen (Alemania) • 2004-2007 Bayern Munich (Alemania) **PALMARÉS** 1 Copa del Mundo (2002, Selección de Brasil) • 1 Copa Confederaciones (2005, Selección de Brasil) • 2 Ligas de Alemania (2005 y 2006, Bayern Munich) • 2 Copas de Alemania (2005 y 2006, Bayern Munich) • 1 Liga del Estado de Río Grande do Sul (1997, Internacional) • Finalista de la Liga de Campeones de Europa (2002, Bayer Leverkusen) • Finalista de la Copa de Alemania (2002, Bayer Leverkusen)

LUCIO

El entrenador Fabio Capello tendrá siempre en sus oraciones a Lucimar Da Silva Ferreira, Lucio, nacido el 8 de mayo de 1978 en Brasilia y culpable de ese gol que descontó el triunfo rutilante que el Real Madrid venía teniendo sobre el Bayer Munich por la Champions.

Con 1,87 metros de altura y 82 kilos de peso, es el exponente del fútbol-fuerza de Brasil. Llega duro a los adversarios sin cometer faltas, lo que lo convierte en uno de los mejores defensores del campeonato alemán.

Lucio, que juega en Europa desde el 2000 y que desde su participación en la Copa Confederaciones del 2001 es número puesto en la selección brasileña, comenzó a jugar a la pelota cuando tenía 7 años. Aunque su padre quería que fuera ingeniero, él no se imagina siendo otra cosa que jugador de fútbol. Es a su madre a la que le debe el haberse iniciado en la práctica profesional del deporte. "Ella fue la que más me incentivó", contó Lucio.

No es de los brasileños que añoran la patria. Su familia se siente muy bien en Europa y tiene a Barcelona como su ciudad favorita, "por el clima, por la cultura y por sus playas".

Posee muy buen manejo de balón, mucha capacidad aeróbica y gran juego aéreo, que utiliza en las dos áreas porque marca muchos goles de cabeza. Su capacidad ofensiva desde su puesto de escudero, añade una dimensión adicional a cualquier equipo.

Como muchos de sus compatriotas, practica la religión evangelista y se derrite ante un buen arroz con feijoada.•

LUX

El año 2006 fue el peor de su vida. En enero se suicidó su hermano Sebastián, en marzo José Pekerman le dijo que lo dejaba fuera de la Selección que iba a jugar el Mundial de Alemania, en agosto perdió la titularidad en River y en diciembre, Daniel Passarella le comunicó que "no lo iba a tener más en cuenta" y que debía entrenar con los juveniles o solo. Antes de eso había sido el arquero ganador de los Juegos Olímpicos con la valla invicta y el que le había sacado la titularidad a Costanzo en River. Ahora espera hasta junio para quedar libre y no aceptó firmar un nuevo contrato con River y marcharse a préstamo al Mallorca de España.

TRAYECTORIA 2001-2007 River Plate (Argentina). **PALMARÉS** 1 Medalla de Oro de los Juegos Olímpicos (2004, Selección Argentina) • 1 Copa del Mundo Juvenil Sub 20 (2001, Selección Argentina) • 3 Ligas Argentinas (Clausura 2001, 2002 y 2003, River Plate) • Finalista de la Copa Confederaciones (2005, Selección Argentina)

Germán Darío Lux nació el 7 de junio de 1982 en Santa Fe y quizás por "provenir del campo", como él mismo dice, se ha tomado la vida que le ha tocado en suerte "con la mayor tranquilidad posible."

Nadie duda que con su físico, de 1,86 metros de altura y 82 kilogramos de peso, su excelente saque desde el arco y la calma chicha que demostró en el convulsionado arco de River Plate, Germán encontrará un club de alta categoría donde proseguir su carrera.

Nadie ni nada le quitarán nunca, eso sí, su afición al club Cremería, fundado por su abuelo Tolo; la costumbre de dormir la siesta (una vez llegó tarde al entrenamiento de Manuel Pellegrini y debió pagar una multa "por quedarse dormido"); su rechazo a las polémicas estériles, y su pasión por los asados en el campo de su familia, donde nadie lo conoce por Germán. Para sus seres queridos es Poroto, apodo que le puso un amigo de su papá en alusión a su nariz, que parece un frijol.•

MAICON

TRAYECTORIA 2001-2004 Cruzeiro (Brasil) • 2004-2006 Mónaco (Francia) • 2006-2007 Inter (Italia)
PALMARÉS 1 Copa Confederaciones (2005, Selección Brasil) • 1 Copa América (2004, Selección Brasil) • 1 Copa de Italia (2006, Inter) • 1 Liga de Brasil (2003, Cruzeiro) • 1 Copa de Brasil (2003, Cruzeiro) • 2 Copas Sul Minas (2001 y 2002, Cruzeiro) • 1 Supercopa Sul Minas (2002, Cruzeiro) • 2 Ligas Mineiras (2003 y 2004, Cruzeiro)

No tiene pinta de actor de Hollywood, pero Maicon quiso ser Michael en honor a Michael Douglas, el actor del que su padre es fan. Un error tipográfico le transformó el nombre de pila. Su hermano tuvo más, ¿suerte?: se llama Marlon Brando y juega en el Porto Alegre.

Maicon Douglas Sisenado, nacido el 26 de julio de 1981 en Criciuma, una localidad al sur de Brasil llena de europeos, tiene 1,84 metros, pesa 77 kilogramos y en el fútbol profesional es visto como el sucesor natural de Cafú.

Lateral derecho dueño de un gran manejo del balón y un olfato de sabueso para intuir las jugadas del gol, se hizo conocido por un gol ante Paraguay en el Torneo Preolímpico, que fue comparado con el mismo que hizo Maradona en el Mundial ante los ingleses, con gambeta al arquero y todo.

"Fue un bello gol, pero me parece un poco exagerado que tanta gente lo esté comparando con el de Maradona", dijo entonces.

Aunque su fama fue creciendo, Carlos Parreira no lo llevó al Mundial. Pero ahora es titular en la Selección Brasileña con Dunga. Le dicen el Coloso y llegó al Internazionale de Milán después de jugar cuatro temporadas en el Cruzeiro y dos con el Mónaco francés.

Es simpático, tiene fuerza física, técnica depurada y en el centro del campo puede cubrir con eficacia todas las posiciones. Eso sí, no está casado con Catherine Zeta Jones.•

MANCINI

TRAYECTORIA 1998-2000 Atlético Mineiro (Brasil) ● 2001-Ene-Jun Portuguesa (Brasil) ● 2001-Jun-Dic Sao Caetano (Brasil) ● 2002-Ene-Jun Atlético Mineiro (Brasil) ● 2002-2003 Venezia (Serie B de Italia) ● 2003-2007 Roma (Serie A de Italia). **PALMARÉS** 1 Copa América (2004, Selección de Brasil) ● Finalista de la Copa de Italia (2005 y 2006, Roma) ● Balón de Plata de Brasil (2002, Atlético Mineiro)

Alessandro Faiolhe Amantino Mancini, nacido el 1 de agosto de 1980 en Belo Horizonte, es el más italiano de los brasileños apostados en el *calcio*; al menos el que más se ha adaptado y sin dudas uno de los más queridos por los **tifosi**.

De 1,82 metros de altura y 77 kilogramos de peso, el morenazo es un lateral derecho que puede jugar como centrocampista por su banda, como extremo derecho (ahora probado suerte por la banda izquierda con menos efectividad, aunque sin desentonar) y como mediapunta.

Jugador romanista identificado plenamente con la hinchada de la capital italiana, el técnico Luciano Spalletti fue claro cuando en Roma comenzaron a correr rumores en el sentido de que el jugador sería transferido al Atlético de Madrid: "Mancini tiene carrera, tiene técnica, es un joven exuberante que se entrena con dedicación. No se cede", manifestó.

De novio con la hermosa modelo Roberta Padrelli, con quien se ha sacado recientemente unas fotografías muy sensuales, Mancini no tiene ningún interés en salir de Italia.

"Desde que ella ha entrado en mi vida, las cosas empezaron a irme mejor. Hasta mi hermana Josilene me ha dicho que jamás me había visto tan feliz", confesó el futbolista en una íntima entrevista otorgada a *La Gazzetta dello Sport*.

De joven soñaba con ser el sucesor de Cafú y quería ser como esos jugadores que son el permanente centro de atención para el gran público. Ahora, un poco por su timidez, se ha mudado a las afueras de Roma para estar un poquito más tranquilo.

Destaca tanto por su faceta goleadora, como por las asistencias que da a lo largo de la temporada.

Tiene doble nacionalidad, brasileña e italiana.●

MÁRQUEZ

Rafael Márquez nació el 13 de febrero en Michoacán y desde que ingresó, con apenas 13 años, a las divisiones inferiores del Atlas de Guadalajara, su futuro en el fútbol fue prácticamente inevitable.

Defensor de pulida técnica, sabe anticipar las jugadas y se maneja muy bien como último hombre, así como en la marca personal. Tiene un buen físico, 1,82 metros de altura y 74 kilogramos de peso, aunque le falta desarrollar algunos músculos que le permitan sobrellevar la serie de lesiones que ha padecido a lo largo de su carrera.

De carácter reservado, hombre de pocas palabras y pocas aficiones además del fútbol, "cuando no está en las canchas de juego se la pasa jugando al fútbol en la Playstation", contaba Adriana, esposa y madre de sus dos hijos, Santiago y Rafaella, Márquez es sin dudas el mejor zaguero en la historia del balompié azteca.

En el Barcelona, donde tiene contrato hasta 2010 y donde quiere terminar su carrera "es el encargado de aportar con brillantez al Barcelona el sacrosanto equilibrio del sistema", según los expertos.

Le dicen el Kaiser Michoacano porque juega en la misma posición que Franz Beckenbauer. Se desempeña muy bien como medio de contención o central defensivo y en el esquema de Frank Rijkaard, se convirtió en un recuperador de pelota de estilo elegante y vertiginoso, muy eficaz en el juego aéreo y con un disparo respetable.

Habla muy bien francés, se defiende con el catalán y su español ha perdido todo rasgo zamorano.•

TRAYECTORIA 1996-1999 Atlas (México) • 1999-2003 Mónaco (Francia) • 2003-2007 Barcelona (España)
PALMARÉS 1 Liga de Campeones de Europa (2006, Barcelona) • 1 Copa Confederaciones (1999, Selección de México) • 1 Liga de Francia (2000, Mónaco) • 1 Copa de Francia (2003, Mónaco) • 1 Copa de Oro de Francia (2003, Mónaco) • 2 Ligas de España (2005 y 2006, Barcelona)

MASCHERANO

TRAYECTORIA 2003-2005 River Plate (Argentina) ● 2005-2007 Corinthians (Brasil) ● 2007-Ene-Jun West Ham (Inglaterra)
PALMARÉS 1 Medalla de Oro en los Juegos Olímpicos (2004, Selección Argentina) ● 2 Ligas de Argentina (Clausura 2003 y 2004, River Plate) ● 1 Liga de Brasil (2005, Corinthians) ● Finalista de la Copa Confederaciones (2005, Selección Argentina) ● Finalista de la Copa América (2004, Selección Argentina)

Aunque su apellido en italiano, de donde es originario y se pronuncia "masquerano", el prefiere ser llamado Javier Alejandro Mascherano —con "che"—, porque nunca perderá su condición de símbolo de Argentina, país en donde nació el 8 de junio de 1984.

Imposible imaginarse a este centrocampista de marca y equilibrio, de dientes disparejos, hoyuelos y sonrisa contagiosa, con otra camiseta que no sea la celeste y blanca, protagonista como ha sido de una curiosa historia en el fútbol: con 1,71 metros de altura y 66 kilogramos de peso, debutó antes en la Selección Argentina que en la primera de su club. El 16 de Julio del 2003, Marcelo Bielsa lo puso de titular ante Uruguay en el empate 2 a 2 y en River, postergado por la presencia de Astrada, debutó el 3 de agosto (dieciocho días después) ante Nueva Chicago.

El Jefecito, como lo llaman en el fútbol argentino, ha estado atravesando momentos difíciles luego de su accidentado pase, junto con Tévez, del Corinthians al West Ham, donde se mantuvo inactivo hasta el permiso especial que acaba de concederle la FIFA para jugar con el Liverpool.

En el debut con el equipo de Rafa Benítez ante el Sheffield United, Mascherano se entendió a la perfección en el mediocampo con Steven Gerrard, quien luego fue reemplazado por el español Xabi Alonso.●

MAXWELL

Maxwell Sherrer Cabelino Andrade, nacido el 27 de agosto de 1981 en Vila Velha, es un lateral zurdo que también puede jugar de carrilero por la izquierda o hasta de central.

Debe su versatilidad a un físico elástico de 1,76 metros de altura y 73 kilogramos de peso. En el Inter, de Roberto Mancini, donde fue contratado junto a su compatriota Maicon para renovar el juego por las bandas, disputa el puesto con el campeón mundial Fabio Grosso. Habituado a pasar del mediocampo a una posición más defensiva, el brasileño todavía no encuentra su mejor sitio en la escuadra *neroazzurra*.

Maxwell, que el año pasado debió padecer una seria lesión en los ligamentos cruzados de la pierna derecha (hizo la recuperación en el Empoli), se encuentra restablecido e ilusionado como para soñar con un regreso estelar a la Selección Brasileña.

Ronald Koeman, el legendario ex futbolista que fue su entrenador en el Ájax, lo adora: "Maxwell es un tipo fantástico, pero fundamentalmente un gran jugador"

Con sólo 25 años y antes de ganar la Supercopa 2006 con el Inter, Maxwell conquistó dos campeonatos holandeses y dos supercopas de Holanda. Potente físicamente y trabajador de primera, es brasileño, pero formado en la escuela holandesa, en cuya liga ha dado lo mejor de sí como jugador.●

TRAYECTORIA 2000-2001 Cruzeiro (Brasil) ● 2001-2006 Ajax (Holanda) ● 2006-2007 Inter (Italia) **PALMARÉS** 1 Supercopa de Holanda (2003, Ajax) ● 2 Ligas de Holanda (2002 y 2004, Ajax) ● 1 Supercopa de Italia (2006, Inter)

MARIO MÉNDEZ

Mario Méndez, nacido el 1 de junio de 1979 en Guadalajara, nunca ha tenido que luchar tanto contra tan poco. Es decir, no se trata de que este lateral derecho de gran manejo, que también puede jugar de zaguero o de centrocampista por su banda, tenga que demostrar a estas alturas la clase de jugador que viene siendo desde que debutó en 1998 con el Atlas; se trata de no escuchar las burlas y declaraciones escépticas de muchos de sus compatriotas ahora que ha sido llamado por El Bigotón Ricardo Lavolpe para formar parte del Vélez Sarsfield de Argentina.

Méndez, de 1,75 metros de altura y 66.5 kilogramos de peso, se ha convertido así en el quinto jugador mexicano en probar suerte en territorio argentino. A sus predecesores no les ha ido nada bien en la liga celeste y blanca, pero él ha debutado con buen pie en un partido por la Libertadores frente al uruguayo Danubio; el zaguero mexicano jugó los noventa minutos del partido.

Había vuelto al Toluca, dueño de su pase, donde logró su único título, pero una llamada de Ricardo Lavolpe le hizo cambiar el destino. Ahora se dedica a vivir en plenitud su sueño de internacional, en un campeonato que lo ha deslumbrado por "lo diferente que es al mexicano. Aquí el fútbol se vive con mayor intensidad, es difícil de explicar", fue su primera declaración a la prensa desde Buenos Aires.

Cuenta la leyenda que cuando Lavolpe llegó al Atlas no lo quería sacar "porque era muy flaquito", pero terminó convenciéndolo con su juego y hasta lo llevó al Mundial 2006, no sin despertar grandes polémicas entre la afición azteca.

Cuando era niño, Mario jugaba fútbol americano en la calle y volvía todos los días con las rodillas raspadas a su casa, hasta que eligió el otro fútbol y demostró su habilidad.

Mario es un buen jugador, rápido y con buen manejo de la pelota, pero ha demostrado cierta intermitencia. Lavolpe, lo conoce muy bien.•

TRAYECTORIA 1998-2003 Atlas (México) ● 2004-2005 Toluca (México) ● 2006-Ene-Jun Monterrey (México) ● 2006-Jun-Dic Tigres (México) ● 2007 Vélez Sarsfield (Argentina) **PALMARÉS** 1 Liga de México (Apertura 2005, Toluca)

TRAYECTORIA 1995-2002 Deportivo Quito (Ecuador) • 2003-2003 El Nacional (Ecuador) • 2004-Ene-Jun Santos Laguna (México) • 2004-Jun-Dic Irapuato (México) • 2005-2006 Liga Deportiva Universitaria (Ecuador) • 2006-2007 P.S.V. Eindhoven (Holanda)

PALMARÉS 2 Ligas de Ecuador (2005, Apertura y Clausura Liga Deportiva Universitaria).

MÉNDEZ

Edison Vicente Méndez, nacido el 16 de marzo de 1979 en El Chotal, es un centrocampista ofensivo con gran remate de media distancia y mucha inteligencia para poner pases de gol y organizar el juego.

Su sobrenombre, Quinito, se lo debe a un músico dominicano de Merengue (Quinito Méndez); en la Liga Deportiva Universitaria le pusieron la Luz, porque cada vez que aparece ilumina al equipo.

Con 1,70 metros de altura y 65 kilogramos de peso, estuvo a préstamo y como titular en el PSV donde también juega el mexicano Carlos Salcido. En diciembre de 2006 los dirigentes adquirieron su pase definitivo y contrataron al jugador hasta el 2010.

Un gol de su autoría le permitió al actual campeón holandés derrotar al Arsenal en el cotejo de ida por los octavos de final de la Liga de Campeones de Europa.

El jugador vive así sus momentos de gloria (el año pasado fue uno de los candidatos al Balón de Oro que entrega la revista *France Football*), luego de una infancia llena de privaciones, una adolescencia difícil en busca de su mejor club y un paso no muy feliz por el equipo mexicano Santos Laguna.

"Me siento en casa aquí. Mi familia vive en la ciudad y nos gusta esto mucho. PSV ha creado la circunstancia ideal para funcionar bien en el nivel más alto en Holanda así como Europa, con toda la gente en el club", dijo Méndez, símbolo preciso y precioso del excelente fútbol ecuatoriano contemporáneo.•

MESSI

Difícil "explicar" a Lionel Messi, nacido el 24 de junio de 1987 en Rosario, sin referirse a la sangre fría que corre en el cada vez más inmoral mercado argentino del fútbol.

Con 1,69 metros de altura y 67 kilogramos de peso, es mucha tentación pensar en él como en una joya que cambiará un poco los colores del fútbol contemporáneo, incorporándole un matiz propio, al tiempo que no es exagerado distinguirlo como un —al fin—, justo y probable heredero de Diego Maradona.

Lio, es cierto, es un jugador distinto, con una gran habilidad en la pierna izquierda y que siempre gambetea hacia adelante con el arco rival en su mira. Llegó a Barcelona a los 13 años con muchos problemas en la médula de crecimiento. Lo probó el ex *crack* Rexach, que a los cinco minutos pidió que lo sacaran para que nadie lo viera y sacarlo luego a relucir cuando estuviera en forma.

Hoy no podría decirse que Messi sea fundamental en el esquema de juego de Frank Rijkaard en el Barcelona, pero lo cierto es que cada vez que lo pone en la cancha de juego, la afición se vuelve loca de alegría.

Está destinado a ser uno de los mejores futbolistas del mundo si supera, sobre todo, la tendencia a lesionarse que padece desde niño. Él mismo, en su discurso inocente y espontáneo (ahora al menos habla frente a los micrófonos), ha dicho que le encantaría "ser adorado por el pueblo como Maradona."

Algunos problemas legales de sus padres a causa del uso publicitario de su imagen y una gresca que habría protagonizado acompañado de sus hermanos en un bar de karaoke de Rosario, comprueban que tanta alharaca no le hace bien a nuestro muchacho.

A Messi lo mejor es dejarlo tranquilo, dejarlo jugar como sabe hacerlo, muy pero muy bien, por cierto.•

TRAYECTORIA 2004-2007
Barcelona (España)
PALMARÉS Campeón
Mundial Sub 20 (2005, Selección
Argentina) • Liga de Campeones de
Europa (2006, Barcelona) • 2 Ligas
Españolas (2005 y 2006, Barcelona)
• 2 Supercopas de España (2006
y 2007, Barcelona) • 2006, Premio
Golden Boy al Mejor Jugador del
Mundo Juvenil • 2005, Balón de Oro
Mundial Sub 20 • 2005, Botín de
Oro Mundial Sub 20

TRAYECTORIA
1998 Olmedo (Ecuador) •
1999 ESPOLI (Ecuador) •
2000 Deportivo Saquisilí
(Ecuador) • 2001 ESPOLI
(Ecuador) • 2002 Deportivo
Saquisilí (Ecuador) • 2003-
2004 Macará (Ecuador) •
20052007 Liga Deportiva
Universitaria (Ecuador)
PALMARÉS 1 Liga
de Ecuador (Apertura
2005, Liga Deportiva
Universitaria)

MORA

De reflejos felinos, gran seguridad debajo de los palos y una ambición irrefrenable por destacarse en la primera categoría del fútbol, Cristian Rafael Mora, nacido el 26 de agosto de 1979 en San Miguel de Bolívar, tiene por muchos años la plaza de arquero titular en la selección ecuatoriana.

Delgado, de 1,86 metros de altura y 67 kilogramos de peso, lo vimos brillar con la cara pintada con los colores de la bandera de Ecuador, unos pantalones largos como de *clown* y una estampa más cercana a la un fanático de su Selección que a la de un jugador profesional.

"Me pinté la cara en homenaje a mi hija Adahí, para demostrarle lo mucho que la quiero", explicó.

El colombiano Luis Fernando Suárez, el gran revolucionario del fútbol ecuatoriano, lo llamó para el Mundial de Alemania en 2006, dejando fuera a porteros consagrados como Giovanni Ibarra y José Francisco Cevallos.

El casi desconocido ex arquero del Deportivo Saquisilí se convirtió así en el titular de una selección que hizo historia en tierra germana.

Nadie diría que este chico de carácter reservado, en apariencia tranquila, con un físico que nada tiene que ver con la de otros porteros renombrados, por caso el alemán Jens Lehman, que tanto admira Mora, se transformaría con semejante fuerza en la cancha.

Ahí hay que verlo en todo su esplendor: vuela de poste a poste con elasticidad gatuna, concentración envidiable y reflejos sorprendentes.

Es cierto también que Mora, como buen poeta del fútbol, es irregular, capaz de las atajadas imposibles y responsable de goles tontos. La velocidad de sus piernas hace superar muchas veces la ansiedad por salir a cortar. En eso también parece más un hincha que un jugador profesional.•

MORALES

Ramón Morales Higuera, nacido el 10 de octubre de 1975 en La Piedad, Michoacán, se destacó a edad temprana por su capacidad goleadora y una vocación ofensiva que no se atenúa con el paso del tiempo.

Con 1,68 metros de altura, 65 kilogramos de peso y condiciones para el liderazgo, Ramoncito, como es llamado por sus amigos, quiso primero ser delantero nato, sin embargo fue como volante de izquierda que encontró su destino en el fútbol de Primera División.

De carácter afable, gustos sencillos y mucha lealtad para defender los colores de su equipo, la anécdota que lo pinta de cuerpo entero es aquella que protagonizó durante un partido con el Cruz Azul en el Clausura del 2003. Morales se luxó el codo en una caída, Chivas ya no tenía cambios y Ramón decidió entrar de nuevo a la cancha con el brazo vendado para no dejar a su equipo en desventaja numérica.

TRAYECTORIA 1995-1999 Monterrey (México) ● 1999-2007 Guadalajara (México) **PALMARÉS** 1 Liga de México (Apertura 2006, Guadalajara) ● 1 Copa de Oro de la Concacaf (2005, Selección de México)

Vendido a las Chivas de Guadalajara en 1998 para reflotar las alicaídas finanzas de los Rayados de Monterrey, se ha ganado la fama en el Rebaño Sagrado, el amor de la afición y la banda de capitán.

Versátil y entregado, Morales ataca con habilidad y sorpresa, al tiempo que defiende con autoridad y una pierna izquierda muy bien entrenada, que le permite ser un eficiente cobrador de penalties y tiros libres.

Su calidad no ha pasado inadvertida para los diferentes entrenadores del seleccionado azteca. Ha integrado el grupo que comandó Javier Aguirre para Corea-Japón 2002, fue parte del proyecto de Ricardo Lavolpe para Alemania 2006 y ahora ha vuelto a ser convocado por Hugo Sánchez.●

RICARDO OLIVEIRA

Ricardo Oliveira, nacido el 6 de mayo de 1980 en San Pablo, es el protagonista de una novela de aventuras con resultado aceptable. Jugador del Milan de 1,83 metros de altura y 79 kilogramos de peso, ha sido pretendido recientemente por el Real Madrid y en busca de su pase llegaron a reunirse en la capital española el mismísimo Fabio Capello y el director deportivo de la escuadra *rossonera*, Adriano Galliani. Sin embargo, el ex bético y ex jugador del Santos no consiguió el permiso de la FIFA, ese que sí ha beneficiado al argentino Javier Mascherano y por el que el jugador albiceleste ya está militando en el Liverpool.

Como jugador, Ricardo Oliveira siempre ha sido comparado con Ronaldo por su frialdad para definir. Ahora lo tiene de compañero de ataque en el Milan.

Enorme delantero con habilidad, potencia y gran cabeceador, no tuvo suerte en la temporada pasada a raíz de la rotura de ligamentos cruzados producida durante un partido del Betis contra el Chelsea y por la que quedó afuera del Mundial de Alemania.

No está rindiendo al ciento por ciento y la situación personal que atraviesa a raíz del secuestro de su hermana mayor en Brasil, en octubre del 2006, le ha mermado, como es lógico, la capacidad de concentración en el fútbol.

Para su fortuna, la sua sorella acaba de ser liberada en buen estado de salud física. •

TRAYECTORIA 2000-2002 Portuguesa (Brasil) • 2002-2003 Santos (Brasil) • 2003-2004 Valencia (España) • 2004-2006 Betis (España) • 2006-Ab-Ag San Pablo (Brasil) • 2006-2007 Milan (Italia) **PALMARÉS** 1 Copa América (2004, Selección de Brasil) • 1 Copa Confederaciones (2005, Selección de Brasil) • 1 Liga de España (2004, Valencia) • 1 Liga de Brasil (2002, Santos) • 1 Copa del Rey de España (2005, Betis) • 1 Copa UEFA (2004, Valencia) • Finalista de la Copa Libertadores de América (2006, San Pablo) • Goleador de la Copa Libertadores de América (2003, Santos)

TRAYECTORIA
2000-2001 Cruz Azul
Hidalgo (Primera A)
● 2001-2006 Cruz
Azul ● 2006-2007
Stuttgart (Alemania)
PALMARÉS
Copa de Oro de la
Concacaf (2003,
Selección Mexicana)
● **Partidos en la
Selección 43; 1 Gol.**

OSORIO

Las virtudes esenciales de Ricardo Osorio, nacido el 30 de marzo de 1980 en Oaxaca, son la fuerza y la velocidad con que se desempeña en el campo de juego. Defensor por la banda derecha de 1,70 metros de altura y 68 kilogramos de peso, puede jugar como central, lateral o líbero, función esta última a la que lo designó el ex técnico de la selección azteca, Ricardo Lavolpe.

Fue precisamente en el Mundial de Alemania 2006, donde el joven valor del Tri se dio a conocer internacionalmente. Su excelente actuación en el máximo torneo del fútbol, le bastó para ser observado por numerosos equipos europeos. Finalmente el Stuttgart, segundo en la tabla de posiciones de la Bundesliga, desembolsó los cuatro millones de euros que hacían falta para quedarse con el jugador.

Inteligente y pícaro para jugar al fútbol, se mueve con descaro en la línea de fondo con una facilidad deslumbrante para ir al ataque y mandar los centros con decisión.

Uno de los retoños del polémico argentino Lavolpe. De él dijo al finalizar el Mundial: "Ojalá Ricardo siguiera, yo lo aprecio mucho y le agradezco porque la forma en que nos hizo jugar me ha llevado ahora a Europa."

Llegó al Cruz Azul en 1997 y debutó en la Primera División cementera cuando tenía 22 años y hasta que partió a Alemania; su titularidad en la entidad cruzazuleña nunca estuvo en tela de juicio.

Porque no es rudo, porque no es alto, porque no tiene un físico imponente, por su modo de explotar la sorpresa y el vértigo en un rival al que encuentra generalmente distraído, es muy valorado por los técnicos, que se sirven de su marca pulcra y disciplinada, además de su sentido de la oportunidad, para colocarse en la cancha.

A Stuttgart llegó acompañado de Pavel Pardo, un jugador histórico de la Selección Mexicana.●

TRAYECTORIA 2001-2002 Bella Vista de Bahía Blanca (Argentino B – 4° Categoría) (Argentina) ● 2002-2003 Huracán de Tres Arroyos (Nacional B – 2° Categoría) (Argentina) ● 2003-2005 Banfield (Argentina) ● 2005-2007 Boca Juniors (Argentina) ● **PALMARÉS** 2 Recopas Sudamericana (2005 y 2006, Boca) ● 1 Copa Sudamericana (2005, Boca) ● 2 Ligas de Argentina (Apertura 2005 y Clausura 2006, Boca)

PALACIO

Rodrigo Sebastián Palacio ha recorrido sus últimos años de vida a una velocidad de *jet*. Aunque de niño quería ser jugador de basquetbol, este chico delgado y rubio, vertiginoso como un coche de Fórmula Uno, se volcó de adolescente a la práctica regular del balompié.

Nacido en Bahía Blanca el 5 de febrero de 1982, con 1,76 metros de altura y 67 kilogramos de peso, pasó de ser un jugador de la Cuarta División de Argentina a un baluarte de Boca Juniors, uno de los dos equipos más populares del país sudamericano.

Debutó con la camiseta azul y amarilla en la ciudad de Mar del Plata ante Independiente, e hizo un gol de chilena con el que se ganó la alta estima de la afición boquense.

De la mano del Coco Basile, este chico introvertido y humilde, muy querido por la gente, que se ha ganado el apodo de La Joya, obtuvo tres títulos con Boca Juniors, equipo en donde se discute poco su titularidad.

Para que la gloria sea completa, fue convocado por José Pekerman a integrar las filas de la Selección Argentina. Su debut oficial en el equipo nacional se produjo durante las eliminatorias, el 26 de marzo de 2005, con un triunfo histórico ante Bolivia en la altura de La Paz. Desde entonces es visible para los aficionados albicelestes, de quienes se ha ganado fundamentalmente el respeto.

Rodrigo hace goles. Es hábil. Es veloz. Los expertos aseguran que es la opción ideal cuando se necesita romper a una defensa por las bandas. Cuando el noventa y nueve por ciento de los jugadores argentinos sueña con jugar en Europa, Palacio rechaza ofertas a diario y sueña con una larga trayectoria en Boca parecida a la de su amigo Guillermo Barros Schelotto.

Su padre José jugó en Boca en la década del sesenta sin éxito y después se fue a España (donde había nacido) para terminar una larga trayectoria en Bahía Blanca y Tres Arroyos. Él comenzó al revés su carrera y hasta tuvo una prueba en el Betis en el 2003, pero no se quiso quedar.●

PARDO

TRAYECTORIA 1996-1998 Atlas (México) • 1998-1999 U.A.G. (Tecos) (México) • 1999-2006 América (México) • 2006-2007 Stuttgart (Alemania)
PALMARÉS 1 Copa de Confederaciones (1999, Selección de México) • 2 Copas de Oro de la Concacaf (1998 y 2003, Selección de México) • 2 Ligas Mexicanas (2002 y 2005 con América). • Debut en la selección: 16-06-96, EE.UU. – México; Jugó 129 partidos en la selección y marcó 5 goles.

Pavel Pardo habla casi perfecto el alemán. Jugador atípico por donde se lo mire, nació en Guadalajara el 26 de julio de 1976. Aficionado a la literatura y a la filosofía, en la plenitud de sus 30 años, con 1,74 metros de altura y 67 kilogramos de peso, se ha ganado la titularidad en el Stuttgart, segundo clasificado en la Bundesliga.

Conducido por el entrenador Armin Veh, el equipo teutón necesitaba a alguien con las condiciones de líder que reúne Pavel.

El jugador mexicano que más experiencia tiene con la Selección Nacional (vistió la camiseta del Tri en ciento treinta y dos oportunidades), es un verdadero jefe de jefes, futbolista que observa y vive su deporte con una pasión de estratega, mitad jugador, mitad técnico.

Llegó a Stuttgart con su compatriota y amigo Ricardo Osorio, los primeros mexicanos en militar en Alemania, país al que Pardo se adaptó increíblemente bien.

"La vida aquí es diferente de México, más tranquila y más segura. Nos sentimos bien", declaró el futbolista a la DPA.

Preciso y técnico, de ideas claras a la hora de mover la pelota, con un estilo generoso, destinado a hacer lucir a sus compañeros, Pavel es un futbolista clásico y completos de esos que en los equipos suelen convertirse en imprescindibles.

Nacido lateral derecho o carrilero, por ese sector devino en centrocampista central con marca, habilidad para el manejo y un gran remate de derecha de media distancia.

Identificado plenamente con la hinchada de las Águilas del América, equipo en el que jugó durante siete temporadas, Pavel desea sin embargo seguir jugando en Europa y concluir su carrera allí, dentro de unos cinco años.•

PINEDA

Gonzalo Pineda Reyes, nacido en el Distrito Federal el 19 de octubre de 1981, abandonó los estudios de Arquitectura para dedicarse a tiempo completo a la práctica del fútbol profesional.

Surgido de la cantera de los Pumas de la UNAM, este lateral izquierdo de 1,77 metros de altura y 67 kilogramos de peso, tiene mentalidad y carácter ganadores, por lo que no sorprende que a su corta edad ya haya sido protagonista de tres victorias de liga en el fútbol azteca. Con los universitarios se coronó campeón en dos oportunidades y en su primera temporada con las Chivas de Guadalajara, ya se subió al primer escalón del podio.

Extrovertido y alegre, siempre va a las concentraciones con su guitarra, aunque no hemos podido averiguar si para la entonación de rolas, Gonzo es un buen jugador de fútbol.

Querido en partes iguales tanto por Hugo Sánchez, que lo hizo debutar en Primera División, y por el ex de la Selección, Ricardo Lavolpe, que lo llevó de titular a Alemania 2006, Pineda es el prototipo del nuevo jugador azteca, un chico que cree en sí mismo y que no se amilana ante los rivales.

En la cancha, sabe frenar la salida de los contrarios e irse hacia el frente con peligrosidad, con un despliegue físico envidiable. Es un zaguero central o lateral izquierdo que rinde muy bien en todas las funciones.

Ante Argentina, en octavos de final del Mundial, participó como relevo desde el minuto sesenta y seis, y puede decirse que el "pecado" que cometió fue haberle dado libertades a Maxi Rodríguez para soltar el majestuoso disparo que significó la victoria pampera y la eliminación de México.

Su juventud y talento le permiten soñar con un tiempo de revancha.●

CLAUDIO PIZARRO

En Perú, su país natal, lo adoran. Lo llaman a Claudio Miguel Pizarro, nacido el 3 de octubre en Callao, el Bombardero de los Andes.

Con 1,86 metros de altura y 80 kilogramos de peso, Claudio es también muy querido en Alemania, aunque no tanto como para tener el contrato renovado con el Bayern Munich hasta 2009, como le habían prometido.

Mientras tanto, este delantero potente, de buen juego aéreo y gran manejo por las dos bandas, llamado también por algunos aficionados el Dios Inca, sigue demostrando calidad en el equipo de Oliver Kahn y Lukas Podolski.

Hincha fanático de Alianza Lima, se dio el gusto de colaborar con dieciocho goles en cuatro meses para la obtención del Torneo Clausura de 1999 y también de jugar con su ídolo de adolescencia, Waldir Sáenz.

Sin embargo, sus relaciones con el seleccionado peruano, que no llega a un Mundial desde España 1982, son difíciles. Ahora mismo, el jugador espera una sanción de la FIFA por haberse ido de un entrenamiento ante un amistoso de Perú-Chile.

Casado con Karla, su compañera de la escuela secundaria, padre de dos niños -Claudio y Antonella- Pizarro es muy valorado también fuera de la cancha, por su bonhomía, su tarea solidaria y su escasa o nula inclinación al *vedettismo*.

En los tiempos libres, arma rompecabezas de mil piezas, juega al golf y espera la renovación de su contrato con el Bayern Munich o su ida al Hamburgo, como aseveran algunos rumores recientes.•

TRAYECTORIA 1996-1997 Deportivo Pesquero (Perú) •1998-Ene-Jun Alianza Lima (Perú) •1998-1999 Werder Bremen (Alemania) •1999-Jun-Dic Alianza Lima (Perú) •2000-2001 Werder Bremen (Alemania) •2001-2007 Bayern Munich (Alemania)

PALMARÉS 1 Copa Intercontinental (2001, Bayern Munich) •3 Ligas de Alemania (2003, 2005 y 2006, Bayern Munich) •1 Liga de Perú (Clausura 1999, Alianza Lima) •3 Copas de Alemania (2003, 2005 y 2006, Bayern Munich) •Finalista de la Supercopa de Europa (2001, Bayern Munich) •Finalista de la Copa de Alemania (2000, Werder Bremen) •Jugó 404 partidos y marcó 169 goles.

PIZARRO

TRAYECTORIA 1996-1999 Santiago Wanderes (Chile) • 2000-2005 Udinese (Italia) • 2005-2006 Inter (Italia) • 2006-2007 Roma (Italia) **PALMARÉS** 2005 Supercopa de Italia (Inter) • 2006 Liga de Italia (Inter)

David Marcelo Pizarro Cortés nació el 10 de septiembre de 1979 en Valparaíso. Con 1,70 metros de altura y 64 kilogramos de peso, el Peque, como lo llaman sus amigos, ha sabido construir un estilo de juego fantástico, imaginativo y osado. Volante de salida con mucha habilidad con el balón en los pies, llega a posiciones de ataque cuando el rival menos se lo espera y cuando menos puede defenderse.

Luciano Spalletti lo dirigió en el Udinese y se lo llevó a la Roma; hoy aparece en la segunda posición del *calcio* detrás del Internazionale de Milán, donde también jugó este Enano de la Providencia o el Fantasista, según motes impuestos por la prensa italiana. En la escuadra *giallorosa*, es el primer asistente del capitán Francesco Totti.

Sus piernas, valuadas en dieciocho millones de dólares, sostienen a un hombre de familia, padre de dos niños y a un futbolista con una técnica infalible, veloz y con mucha capacidad para leer correctamente el juego.

Fijo en la selección chilena, renunció a defender los colores de su país a causa de la no clasificación para el Mundial de Alemania.•

TRAYECTORIA 1994-1996 Inter de Porto Alegre (Brasil) ● 1996-1997 Real Madrid (España) ● 1997-1998 Vasco da Gama (Brasil) ● 1998-Jun-Dic Curitiba (Brasil) ● 1999 Ene-Jun Botafogo (Brasil) ● 1999-Jun-Dic Corinthians (Brasil) ● 2000-2003 Sporting de Lisboa (Portugal) ● 2003-2004 Galatasaray (Turquía) ● 2004-Ago-Dic Figueirense (Brasil) ● 2005-En-Set Botafogo (Brasil) ● 2005-2006 Livorno (Italia) ● 2006-2007 Chievo Verona (Italia). **PALMARÉS** 1 Campeonato Gaúcho (Inter, 1994) ● 3 Ligas de Brasil (1997 y 1998, Vasco da Gama y 1999, Corinthians) ● 1 Campeonato Carioca (1997, Vasco da Gama) ● 1 Campeonato Paulista (1999, Corinthians) ● 2 Ligas de Portugal (2000 y 2002, Sporting de Lisboa) ● 1 Copa de Portugal (2002, Sporting de Lisboa) ● 2 Supercopa de Portugal (2001 y 2003, Sporting de Lisboa) ● **1 Solo partido en la selección brasileña 02-04-97 ante Chile.**

CÉSAR PRATES

Después de tanto andar por el mundo, a César Luis Prates le han hecho una oferta que no pudo rechazar, pero rechazó. Gracias al Gremio, el futbolista estuvo a punto de retornar al país en el que nació el 8 de febrero de 1975. Sin embargo tanto él como su esposa prefirieron quedarse en Italia.

Oriundo de Aratiba, un municipio de Río Grande do Sul, César es un lateral zurdo de 1,74 metros de altura y 74 kilogramos de peso, ríe tanto y tan bien como Ronaldinho; no llegó a más con la selección *verdeamarelha* solo porque en el camino se le cruzó el excelso Roberto Carlos, dueño por derecho propio del puesto tanto en el combinado brasileño como en el Real Madrid, donde Prates llegó a jugar en la temporada 95-96.

Acostumbrado a hacer las maletas propias como las de su mujer y sus dos pequeños hijos, el jugador acaba de llegar a Chievo, proveniente del Livorno, el club que es dueño de su pase.

Se está adaptando y no tiene todavía demasiado tiempo de pensar en su regreso definitivo al Brasil. Él es, después de todo, un profesional del balompié: "Por ahora estoy a disposición del Chievo. Estoy haciendo mi mayor esfuerzo para aprender aquello que el entrenador quiere que haga", manifestó

"Es cierto, más temprano que tarde regresaré a Brasil y he recibido propuestas muy firmes de dos equipos de allá, pero por ahora mi familia y yo hemos decidido permanecer en Italia", ha manifestado a su llegada, al tiempo que no escondió sus deseos de disfrutar de la romántica e histórica ciudad de Verona, tierra de Romeo y Julieta.

"Cesar es un buen lateral, con buen manejo de pelota, trabaja mucho, para nosotros es un buen complemento", ha dicho el entrenador Gigi Del Neri.

Lo que demuestra que Prates, que ha jugado en once equipos de cinco países distintos, sigue siendo un jugador confiable y no perdió eficacia con los años.●

REASCO

Neicer Reasco, nacido el 23 de julio en Tambillo, un poblado de pescadores perteneciente a la provincia de Esmeraldas, es un lateral derecho con el suficiente coraje como para probar suerte en San Pablo, la ciudad brasileña cuna de grandes *cracks*.

Desde Ecuador a Brasil, pasando por la Liga Deportiva Universitaria, el club en el que se ha desarrollado como futbolista profesional, Reasco, de 1,70 metros de altura y 71 kilogramos de peso, es un símbolo de la prestigiosa Selección Ecuatoriana que tan buen papel hizo en el Mundial de Alemania. El colombiano Luis Fernando Suárez lo hace jugar por la izquierda, para compensar la presencia de De la Cruz en la derecha.

Tiene un buen manejo de pelota y gran proyección ofensiva, virtudes que entrena con el único objetivo, como suele decir, "de alcanzar la excelencia en mi juego"; por algo el fútbol le ha servido para salir de la pobreza.

Futbolista carismático, que brinda mucha seguridad en la defensa, que sorprende con sus salidas hacia el arco contrario, Neicer propone siempre un juego vistoso que complementa con un gran despliegue físico.

Hasta el 2009 tiene contrato con el Sao Paulo. Él se ha puesto como objetivo de máxima, triunfar en el balompié brasileño.•

TRAYECTORIA 1997-2000 Liga Deportiva Universitaria (Ecuador) • 2001-Ene-Jun- Newell's Old Boys (Argentina) • 2001-2006 Liga Deportiva Universitaria (Ecuador) • 2006-2007 San Pablo (Brasil) **PALMARÉS** 4 Ligas de Ecuador (1998, 1999, 2003 y Apertura 2005, Liga Deportiva Universitaria)

RECOBA

Álvaro Alexander Recoba Rivero, nacido el 17 de marzo de 1976 en Montevideo, no es un jugador especialmente mediático. Sin embargo, los aficionados militantes se suman sin problemas a la "recobamanía" que vive el fútbol italiano desde que él llegó, en 1997, a sentar cátedra con su gran pegada, con su elegancia y su refinamiento.

Con 1,73 metros de altura y 68 kilogramos de peso, el Chino es un exquisito mediapunta, volante de enganche y hasta delantero cuando la ocasión lo requiere.

Niño mimado en el Internazionale de Milán, cuya hinchada siempre porta un cartel que dice en italiano "Quien ama el fútbol, ama al Chino", es la mejor figura de la selección uruguaya, a la que sin embargo renunció, triste y frustrado, por no haberse clasificado para el Mundial de Alemania.

Aunque es un jugador irregular, pocos niegan el enorme talento que abriga en su pie izquierdo. El presidente del Inter., Massimo Morati, es uno de sus fans más apasionados, al punto de pasearse por San Siro con una camiseta que lleva el nombre del jugador en la espalda. Es aficionado a la pesca.

Criado en la humilde Curva de Maroñas, uno de los barrios más pobres de Montevideo, es un futbolista capaz de hipnotizar con su toque, hacedor de unos cuantos goles desde el centro del campo y hábil para cargarse, si es necesario, el trámite de un partido a sus espaldas, razones de más para justificar su sueldo de ocho millones de euros al año. •

TRAYECTORIA 1994-1995 Danubio (Uruguay) • 1995-1997 Nacional (Uruguay) • 1997-1999 Inter (Italia) • Jun-Dic 99 Venezia (Italia) • 2000-2007 Inter (Italia) **PALMARÉS** 1998 Copa UEFA (Inter) • 2006 Liga de Italia (Inter) • 2000 y 2005 finalista de la Copa Italia (Inter)

RENATO DIRNEI

TRAYECTORIA 1997-1999 Guaraní (Brasil) ● 2000-2004 Santos (Brasil) ● 2004-2007 Sevilla (España) **PALMARÉS** 1 Copa Confederaciones (2005, Selección de Brasil) ● 1 Copa América (2004, Selección de Brasil) ● 1 Supercopa de Europa (2006, Sevilla) ● 1 Copa UEFA (2006, Sevilla) ● 1 Liga de Brasil (2002, Santos) ● Debut en la selección: 07-09-03 Brasil-Colombia 2-1; 29 partidos 0 goles.

Renato Dirnei, nacido el 15 de mayo de 1979 en Santa Mercedes, tiene fama de buenísima gente. Con 1,77 metros de altura y 71 kilogramos de peso, juega con tal entrega y coraje que se ha ganado el apodo de Corazón Valiente, instaurado por la prensa andaluza.

Centrocampista defensivo, con buen manejo y gran remate de media distancia, Renato es candidato fijo a integrar tarde o temprano la Selección Brasileña con mayor regularidad. Hasta ahora ha jugado veintinueve partidos con el combinado de su país, en el que debutó en 2003 durante un partido frente a Colombia. Para el Mundial de Alemania no lo convocó Luis Alberto Parreira y aunque se esperaba que el legendario Dunga saldara la deuda que la *verdeamarelha* tiene con el ídolo sevillista, que está en plenísima forma, por ahora se quedó en la intención.

De ojos vivaces, sonrisa franca, pasaporte comunitario, tiene contrato hasta el 2009 con el Sevilla y una cláusula de rescisión de treinta y seis millones de euros.

Identificado a pleno con la refulgente actualidad del equipo andaluz que conduce José María del Nido, Dirnei es esencialmente un jugador del Santos y hacia ese equipo se enfilará cuando concluya su carrera en Europa.●

RIQUELME

El fútbol muchas veces necesita una pausa. El tiempo detenido, como cuando pasa un ángel, el balompié se lo debe a Juan Román Riquelme, uno de esos genios a menudo incomprendidos por los previsibles de siempre y que sin embargo marca la diferencia en el equipo donde esté.

Nacido el 24 de junio de 1978 en la provincia de Buenos Aires, Román tiene una habilidad exquisita, gran pegada con la derecha y aunque parece lento, es veloz mentalmente de un modo que le ha permitido ser el gran conductor de la Selección Argentina.

Como decía un cómico de ese país sudamericano en referencia a Menotti, Riquelme "es triste", lo que no deja de ser una verdad casi de Perogrullo. Claro, si usted, que lee este texto, fuera

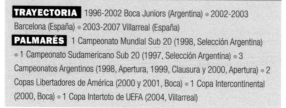

TRAYECTORIA 1996-2002 Boca Juniors (Argentina) ● 2002-2003 Barcelona (España) ● 2003-2007 Villarreal (España)
PALMARÉS 1 Campeonato Mundial Sub 20 (1998, Selección Argentina) ● 1 Campeonato Sudamericano Sub 20 (1997, Selección Argentina) ● 3 Campeonatos Argentinos (1998, Apertura, 1999, Clausura y 2000, Apertura) ● 2 Copas Libertadores de América (2000 y 2001, Boca) ● 1 Copa Intercontinental (2000, Boca) ● 1 Copa Intertoto de UEFA (2004, Villarreal)

argentino, comprendería sin más lo que un natural de ese país quiere decir cuando describe a Riquelme como un verdadero hijo de la lágrima.

Románcito, uno de los jugadores más queridos y a la vez más criticados por la exigente afición argentina, es triste a lo Menotti: su juego original, su manera poética de encarar un deporte que tiene un tiempo que nunca podrán manejar los espónsores ni los dirigentes, lo hacen muchas veces aburrido.

Pero qué culpa tiene este chico humilde, de poco hablar, que el mundo contemporáneo haya perdido el valor de la paciencia. Poca, es verdad, ha demostrado el técnico chileno Manuel Pellegrini, quien al frente del Villarreal se dio el lujo de prescindir de los servicios de un jugador como Riquelme.

Por dos millones de dólares y cuatro meses, el jugador ha vuelto a Boca Juniors, donde debutó con dos pases exquisitos y goles de Palermo frente a Independiente, que cayó por 3 a 1.

Los titulares de los periódicos anunciaron que el regreso de este gran estratega, de 1,82 metros de altura y 75 kilogramos de peso, había aportado luz a la escuadra azul y oro. Que lo disfruten.●

ROBERTO CARLOS

Roberto Carlos Da Silva, nacido el 10 de abril de 1973 en San Pablo, ya ha dejado huella en el fútbol internacional.

Aunque con 1,68 metros de altura y 70 kilogramos de peso, ese modo de entregarse al equipo y a la afición, ese estilo de juego que lo ha convertido en el mejor lateral izquierdo del mundo, tenga resto para iniciar, por ejemplo, una carrera en Qatar, Roberto Carlos ya es leyenda.

Su remate de zurda ha sido registrado a más de 120 km/h, por lo que no es difícil imaginar

unos comienzos como delantero. Y así, en la punta, empezó jugando, en un equipo que organizaba su padre y que llevaba el nombre de la ciudad donde nació: Garsa.

Fueron sus padres lo que más lo incentivaron a seguir en la práctica del fútbol. Cuando era un niño y debía comer en las concentraciones se ponía a llorar: él extrañaba la comida de mamá.

Admirador irredento de Diego Maradona, se emparienta con el astro argentino en la convicción de que el fútbol es sinónimo de alegría y que a la cancha, la gente va a divertirse.

Hablar del cariño que el jugador del Madrid despierta entre la afición, resultaría ocioso. Es, probablemente, uno de los futbolistas más queridos por los aficionados en el mundo entero.

Una historia personal que le contó al periodista Quique Wolf para la ESPN, lo puso todavía más cerca de la gente.

Roberto Carlos y su esposa, Alexandra, adoptaron un niño en Brasil, al que salvaron de una muerte segura, enfermo como estaba de una grave afección cardíaca.

No conforme con eso, el *crack* está empeñado ahora en la construcción de un hospital público que tenga 110 aparatos cardíacos para niños recién nacidos.

Su identificación con la Selección *Canairinha* no tiene límites. Para la *verdeamarelha*, Roberto Carlos tiene todo el corazón: "Tú puedes ser el jugador más rico del mundo, pero cuando sale la convocatoria que te mandan el fax a tu casa, la Confederación Brasileña de Fútbol, sea para un partido amistoso, un partido oficial, doy saltos de alegría", confesó en la entrevista mencionada.●

TRAYECTORIA 1991-92 Unión Sao Joao (Brasil) ● 1993-95 Palmeiras (Brasil) ● 1995-1996 Inter (Italia) ● 1996-2007 Real Madrid (España) **PALMARÉS** ● 1 Copa del Mundo (2002, Selección de Brasil) ● 2 Copas América (1997 y 1999, Selección de Brasil) ● 1 Copa Confederaciones (1997, Selección de Brasil) ● 2 Copas Intercontinental (1998 y 2002, Real Madrid) ● 1 Supercopa de Europa (2002, Real Madrid) ● 1 Torneo Pre Olímpico (1996, Selección Brasil) ● 1 Medalla de Bronce en los Juegos Olímpicos (1996, Selección de Brasil) ● 3 Ligas de Campeones de Europa (1998, 2000 y 2002, Real Madrid) ● 2 Ligas de Brasil (1993 y 1994, Palmeiras) ● 3 Ligas de España (1997, 2001 y 2003, Real Madrid) ● Finalista de la Copa del Mundo (1998, Selección de Brasil) ● Finalista de la Copa Intercontinental (2000, Real Madrid) ● Finalista de la Supercopa de Europa (2000, Real Madrid) ● Finalista de la Copa del Rey de España (2002 y 2004, Real Madrid) ● **Debut en la selección: 26-02-92 Brasil 3 – EE.UU. 0. Jugó 132 partidos y marcó 12 goles.**

ROBINHO

TRAYECTORIA 2002-2005 Santos (Brasil) ● 2005-2007 Real Madrid (España) **PALMARÉS** 2 Campeonatos brasileños (2002 y 2004, Santos) ● 2004 fue el mejor jugador de Brasil y tercero en Sudamérica

Robson de Souza, Robinho, nacido el 25 de enero de 1984 en Sao Vicente, San Pablo, brilló y explotó como una de las nuevas perlas del fútbol brasileño en el Santos, pero nunca lo hizo en el Real Madrid, que está a punto de venderlo por casi la mitad de dinero que le costó

De cuerpo esmirriado, carácter expansivo y un desparpajo que está comenzando a recuperar en los últimos tiempos, Robinho mide 1,72 metros y apenas pesa 66 kilogramos.

En la estructura actual del Real Madrid, el jugador que mereció, entre otras cosas, una canción de despedida escrita por el gran artista brasileño Zeca Baleiro, (*Fica, Robinho, fica*), es visto casi como marciano.

Para la forma de ver el fútbol que tiene el entrenador Fabio Capello, tener a Robinho equivale a poseer un regalo carísimo y sofisticado que no se sabe bien para qué sirve y que, por lo tanto, se deja guardado en un rincón del closet, sin abrir.

Solo de ese modo se explica la esquizofrenia que ha tenido que padecer el futbolista por parte de la directiva de los Blancos, que nunca ha sido claro a propósito de los planes que tiene para un *crack* que compró en treinta millones de euros hace menos de dos años.

Según el representante de Robinho, Wagner Ribeiro, el Arsenal y el Milan quisieron al delantero, pero el Real Madrid no quiso venderlo.

Nació pobre en una favela cercana a la playa de los Millonarios, en San Pablo, con ese cuerpecito y una voluntad de ir hacia el arco contrario que no frenó el más forzudo de los rivales. Robinho hizo que el Santos ganara su primer título de liga en 20 años, los mismos que el jugador tenía cuando debutó en la selección absoluta, donde lucha por hacerse un lugar como puntero.●

TRAYECTORIA 1999-2002 Newell's Old Boys (Argentina) • 2002-2005 Espanyol (España) • 2005-2007 Atlético de Madrid (España).
PALMARÉS Campeón Mundial Sub 20 (2001, Selección Argentina) • Debut en la selección: 08-06-03 Argentina, 4 – Japón 1; 19 Partidos en la selección y 5 goles (3 en el Mundial).

RODRÍGUEZ

Maximiliano Rubén Rodríguez, nacido el 2 de enero de 1981 en Rosario, no es solo una cara bonita en el fútbol internacional. El jugador, de 1,80 metros de altura y 75 kilogramos de peso, más bien tiene un rostro poco agraciado por el que sus compañeros le han cargado el mote de la Fiera; aunque hay que admitir que si uno no es demasiado estricto en lo que se refiere a cánones de belleza, no hay nada más hermoso que la sonrisa de este casi niño, cuando florece luego de una de sus acostumbradas jugadas de riesgo y sacrificio.

Maxi es de los que nunca se dan por vencido en la cancha. Arranca como centrocampista, define como delantero, y en su primer año en el Atlético de Madrid, ya lleva quince goles cargados a su cuenta.

La polifuncionalidad de Rodríguez, que juega en cualquiera de los cuatro puestos del mediocampo y en los dos de ataque, fue tasada en cuarenta millones de euros por el Milan de Galliani y Berlusconi; la escuadra colchonera no lo quiso soltar.

Volante titular de la Selección Argentina, se rompió los ligamentos cruzados en un partido amistoso ante España.

Mientras se recupera, el fútbol echa en falta su jerarquía, su sentido de la oportunidad y su rostro juvenil, bello a su manera.■

RONALDINHO

TRAYECTORIA 1998-2001 Gremio (Brasil) ●2001-2003 Paris Saint Germain (Francia) ●2003-2007 Barcelona (España) **PALMARÉS** 1 Balón de Oro Europeo (2005, Barcelona) ●1 Copa del Mundo (2002, Brasil) ●1 Copa de las Confederaciones (2005, Brasil) ●1 Copa América (1999, Brasil) ●1 Liga de España (2005, Barcelona) ●1 Liga de Río Grande do Sul (1999, Gremio) ●1 Copa del Estado de Río Grande do Sul (1999, Gremio) ●1 Copa Sul Mina (2000, Gremio) ●1 Copa Intertoto (2002, Paris SG) ●Finalista de la Copa Confederaciones (1999, Brasil) ●Finalista de la Copa de Francia (2003, Paris SG)

Ronaldo de Assís Moreira, Ronaldinho Gaucho, nacido el 21 de marzo de 1980 en Porto Alegre, está acostumbrado a lograr hazañas imposibles. Una de ellas es haber puesto de acuerdo a dos antagónicos consuetudinarios como Pelé y Maradona, que en nada coinciden salvo en admitir que el muchacho dientudo y negro de 1,82 metros de altura y 76 kilogramos de peso, es el mejor jugador del mundo.

Centrocampista ofensivo que no sabe jugar al fútbol sin crear belleza inconmensurable, dio a conocer esa habilidad extraterrestre que tiene para jugar al fútbol, durante el Mundial de Corea Japón 2002. La pegada, la potencia, el talento, la técnica individual y su ya famosa alegría, como único dios rector en la cancha de juego, han hecho de Ronaldinho un futbolista fuera de serie.

Símbolo del renacimiento del Barsa, últimamente anda de capa caída en el equipo catalán y crecen a diario los rumores de que encarará su futuro inmediato en el Milan de Carlo Ancelloti.

Ronaldo de Assis Moreira inventa un universo imposible con las piernas como instrumento y el corazón contento como bandera. Sin él, el fútbol habría perdido su razón de ser. ●

Ronaldo Luiz Nazario de Lima salió a tiempo de esa licuadora de genios en que parece haberse convertido el Real Madrid. A tiempo al menos para que uno de los delanteros más talentosos que ha dado el fútbol en las últimas, ¿qué les gusta?, cinco décadas, nacido el 22 de septiembre de 1976 en Río de Janeiro, concrete un principio del fin glorioso, como se merece y como nos merecemos quienes en el mundo alabamos su virtud "balompiédica", su magia.

Con 1,83 metros de altura y 83 kilogramos de peso que han sido motivo de notas periodísticas y no tan periodísticas, es un atacante de fantasía, el número 9 que cualquiera querría tener en su equipo y que llegó a concretar más de doscientos goles en Europa.

Nacido en la barriada obrera de Bento Ribeiro en las afueras de Río de Janeiro, a los 15 años ya jugaba en la Primera del Sao Cristovao, a los 17

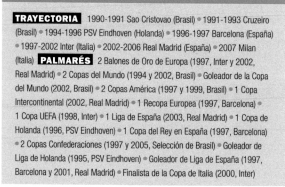

TRAYECTORIA 1990-1991 Sao Cristovao (Brasil) • 1991-1993 Cruzeiro (Brasil) • 1994-1996 PSV Eindhoven (Holanda) • 1996-1997 Barcelona (España) • 1997-2002 Inter (Italia) • 2002-2006 Real Madrid (España) • 2007 Milan (Italia) **PALMARÉS** 2 Balones de Oro de Europa (1997, Inter y 2002, Real Madrid) • 2 Copas del Mundo (1994 y 2002, Brasil) • Goleador de la Copa del Mundo (2002, Brasil) • 2 Copas América (1997 y 1999, Brasil) • 1 Copa Intercontinental (2002, Real Madrid) • 1 Recopa Europea (1997, Barcelona) • 1 Copa UEFA (1998, Inter) • 1 Liga de España (2003, Real Madrid) • 1 Copa de Holanda (1996, PSV Eindhoven) • 1 Copa del Rey en España (1997, Barcelona) • 2 Copas Confederaciones (1997 y 2005, Selección de Brasil) • Goleador de Liga de Holanda (1995, PSV Eindhoven) • Goleador de Liga de España (1997, Barcelona y 2001, Real Madrid) • Finalista de la Copa de Italia (2000, Inter)

años debutó en la Selección Nacional y con esa edad fue al Mundial 94 que ganó Brasil.

Milán es una fiesta porque Ronnie ha llegado, gordo y hechizado, según cuentan, por una modelo que le ha hecho una oferta que el jugador no ha podido rechazar. Los hinchas *rossoneri* le agradecen a una sola persona el hermoso gesto que ha tenido liberándolo de la casaca blanca.

Ronaldo, que se ha ido de Madrid a disgusto y sin ganas de dejar la capital española, tuvo en la despedida palabras de gratitud para sus compañeros, para los dirigentes, para sus preparadores físicos... De todos se acordó bien el jugador, de todos, menos de uno.•

ROQUE JUNIOR

José Vitor Roque Junior levanta su cuerpo de 1,86 metros de altura y 73 kilogramos de peso entre una multitud de niños que lo rodean como se rodea a un verdadero ídolo cuando se tiene cerca. Nacido el 31 de agosto de 1976 en Santa Rita de Sapucai, el jugador del Bayer Leverkusen, tiene un serio compromiso con la labor social desarrollada en su pueblo natal mediante una fundación llamada Primera Camisa. Más de doscientos atletas apoyados por Roque Junior, se alimentan y viven el sueño inicial del fútbol.

El central brasileño, un futbolista serio, sobrio y aún vigente, se profesionalizó con apenas 17 años, conquistó sus primeros títulos con el Palmeiras y llegó a la Selección absoluta de Brasil en 1999. Jugó en el Milan durante cuatro temporadas, luego fue al Leeds United en sustitución de Rio Ferdinand, de ahí pasó al Siena y ahora milita en el Bayer Leverkusen, donde forma una pareja muy potente con su compatriota Juan.

En la Selección Brasileña, los dos pelean por un puesto para acompañar a Lucio, justamente el defensor al que Roque Junior reemplazó cuando pasó al equipo alemán.•

TRAYECTORIA 1994-1995 San José (Brasil) • 1995-2000 Palmeiras (Brasil) • 2000-2003 Milan (Italia) • 2003-Jun-Dic Leeds United (Inglaterra) • 2004-Ene-Jun Siena (Italia) • 2004-2007 Bayer Leverkusen (Alemania) **PALMARÉS** 1 Copa del Mundo (2002, Selección de Brasil) • 1 Copa Confederaciones (2005, Selección de Brasil) • 1 Liga de Campeones de Europa (2003, Milan) • 1 Copa Libertadores de América (1999, Palmeiras) • 1 Copa de Italia (2003, Milan) • 1 Copa de Brasil (1998, Palmeiras) • 1 Copa MERCOSUR (1998, Palmeiras) • 1 Liga Paulista (1996, Palmeiras) • 1 Copa Río – San Pablo (2000, Palmeiras) • 1 Supercopa de Europa (2003, Milan) • Finalista de la Copa Intercontinental (1999, Palmeiras) • **Debut en la selección:** 10-09-99, Brasil-Holanda; 50 partidos – 2 goles.

SALCIDO

La historia de Carlos Arnoldo Salcido, nacido el 2 de abril de 1980 en Ocotlán, Jalisco, es la historia de un "mojado" que intentó tres veces cruzar la frontera entre México y los Estados Unidos, sin lograrlo.

El gran defensor mexicano de 1,77 metros de altura y 70 kilogramos de peso, actual del PSV, campeón holandés, debe de haber sacado de su propia vida esa fuerza que lo ha convertido en el Hombre de Hierro de la zaga central.

Sorpresa grata de la Selección Azteca en el Mundial de Alemania, este zaguero zurdo de gran velocidad y sin temores para pasar al ataque, perdió a su madre cuando era un niño. Creció solo con su progenitor, a causa de que sus hermanos emigraron a Norteamérica en busca de mejor fortuna.

En su juventud, este jugador lleno de recursos, que tanto puede oficiar de central como de lateral izquierdo, fue carpintero, lavador de autos, obrero en una fábrica sopladora de vidrio y por su cabeza jamás pasó la idea de convertirse en futbolista profesional.

"Un sábado me despidieron de la fábrica donde trabajaba y el lunes, en una cascarita en el Oro, Jalisco, conocí al profesor Ramón Calendario y él fue el que me metió la idea de jugar al fútbol"... "Yo pensaba que esto del fútbol no me daría para comer y eso me preocupaba. Calendario me respondió que yo tenía condiciones y ese mismo día me dio mil pesos para que me diera cuenta de que esto daba para ganarse la vida", contó el jugador.•

TRAYECTORIA 2001-2006 Guadalajara • 2006-2007 PSV Eindhoven (Holanda) **PALMARÉS** 1 Liga de México (2006, Guadalajara). • Finalista de Liga de México (2005, Guadalajara). • Debut en la selección: 08-09-04 Trinidad y Tobago 1 – México 3. • Jugó 36 partidos y marcó 2 goles.

TRAYECTORIA 1996-1997 Newell's Old Boys (Argentina) • 1997-2000 Boca Juniors (Argentina) • 2000-2004 Roma (Italia) • 2004-2005 Real Madrid (España) • 2005-2007 Inter. (Italia). **PALMARÉS** 1 Copa Libertadores de América (2000, Boca) • 2 Ligas de Argentina (Apertura 1998 y Clausura 1999, Boca) • 2 Ligas de Italia (2003, Roma y 2006, Inter) • Finalista de la Copa de Italia (2003, Roma)

SAMUEL

Walter Adrián Samuel, el Muro, un defensor con todas las letras, nació el 22 de marzo de 1978 en la provincia de Córdoba.

Para este jugador de 1,84 metros de altura y 81 kilogramos de peso, que portó con dignidad las camisetas de La Roma y de la Selección Argentina, parece haber quedado atrás el desasosiego que le producían su inactividad y las tremendas críticas a las que fue sometido en el Real Madrid, equipo en el que todos atacan y nadie vuelve para ayudar a los defensores.

Había llegado al Club Blanco en virtud de un contrato súper millonario pagado a la escuadra *giallorossa* y nunca fue feliz en el conjunto madridista. Hombre de poquísimas palabras, ultra tímido, vivió los malos momentos en silencio, sin entrar en disputa con los dirigentes o los periodistas que tanto lo atacaron.

Eficaz en el juego aéreo y muy seguro en la marca hombre a hombre, Walter Samuel (que lleva por decisión propia el apellido de sus padres adoptivos, pues los legítimos lo abandonaron cuando era pequeño), ahora refulge en el Internazionale de Milán, donde se ha convertido en pieza clave para este presente rimbombante, con *scudetto* incluido, que protagoniza la escuadra de Roberto Mancini.•

TRAYECTORIA 1993-1996 Atlas (México) • 1996-1998 América (México) • 1999-2006 Guadalajara (México) • 2007 Santos Laguna (México). **PALMARÉS** 2 Copas de Oro de la Concacaf (1996 y 2003, Selección de México) • 1 Copa USA (1996, Selección de México) • 1 Liga de México (Clausura 2006, Guadalajara) • Medalla de Plata en los Juegos Panamericanos de Mar del Plata (1995, Selección de México) • **Debut en la selección: 31-08-96, Francia 2 – México 0.**

SÁNCHEZ

Oswaldo Javier Sánchez Ibarra, nació el 21 de septiembre de 1973 en Guadalajara. De 1,84 metros de altura y 85 kilogramos de peso, es hoy por hoy el mejor portero mexicano, con gran categoría mundial y uno de los futbolistas más queridos por la afición de ese país.

Para todos estos logros, ha tenido que recorrer un largo camino, no exento muchas veces de dificultades o de circunstancias que le retacearon el reconocimiento temprano.

De hecho, a los 31 años, cuando venía manteniendo desde hacía tiempo su excelencia en el torneo azteca, lo descubrió el gran público y lo hizo suyo. Fue en la Copa Confederaciones de Alemania 2005 donde consolidó su figura insustituible en la portería de la Selección Tricolor que jugó su honor en el Mundial 2006.

Oswaldo, que había tenido que esperar su momento en la selección absoluta a causa de la presencia del talentoso Jorge Campos, titular indiscutible en ese puesto durante años, no pudo disfrutar plenamente su ansiado y justo reinado en el primer combinado nacional. La muerte súbita de su padre, que estaba a punto de viajar a Alemania, lo sumió como es lógico en una inesperada y honda tristeza, pese a lo cual el jugador decidió seguir defendiendo los colores de su Selección en el Mundial.

Con la Tricolor jugó todos los minutos y todos los partidos en Alemania, haciendo gala de su elasticidad, de sus reflejos gatunos y de su irrefutable liderazgo entre sus compañeros, que lo adoran.•

SANTANA

Si a Julio Cruz le llaman "jardinero" por arreglar el césped en la concentración de Banfield, a Mario Santana habría que llamarlo gomero, porque cansado de las promesas de Fernando Miele, el presidente de aquel entonces en San Lorenzo, abandonó el fútbol en octubre de 2001 y se fue a su Comodoro Rivadavia natal a reparar gomas de autos a un taller. Dos meses después y con el pase en su poder, su representante lo llevó a Italia a una prueba en el Venecia. Fue el jugador Javier Zanetti quien le ofreció casa y comida a orillas del lago Como.

Santana, nacido el 25 de diciembre de 1981 en Comodoro Rivadavia es un buen extremo derecho, hábil y buen asistente, aunque un poco dubitativo de cara a la portería.

Casado con una jugadora de *voley* argentina, de familia siciliana, fue bautizado Mario Alberto en honor, cómo no, de Kempes, el gran Matador de la Selección Argentina campeona del mundo en 1978.

Con 1,70 metros de altura y 71 kilogramos de peso, Santana no es veloz y potente como Kempes, pero a la hora de esquivar contrarios es el mejor; tanto como para haber conseguido un contrato que lo une por cuatro temporadas a la Fiore, el equipo de Batistuta y de Luca Toni.

Su prima le permite comprar automóviles flamantes que no requieren arreglos en sus neumáticos. Lástima. •

TRAYECTORIA 1999-2001 San Lorenzo (Argentina) • 2002-Ene-Jun Venezia (Italia) • 2002-2003 Palermo (Italia) • 2003-2004 Chievo Verona (Italia) • 2004-2006 Palermo (Italia) • 2006-2007 Fiorentina (Italia)
PALMARÉS 1 Liga de Argentina (Clausura 2000, San Lorenzo) • Finalista de la Copa Confederaciones (2005, Selección Argentina)

SAVIOLA

TRAYECTORIA 1998-2001 River Plate (Argentina) ● 2001-2004 Barcelona (España) ● 2004-2005 Mónaco (Francia) ● 2005-2006 Sevilla (España) ● 2006-2007 Barcelona (España)
PALMARÉS 1 Copa del Mundo Sub 20 (2001, Selección Argentina) ● 2 Ligas de Argentina (Apertura 1999 y Clausura 2000, River Plate) ● 1 Copa UEFA (Sevilla, 2006) ● 1 Supercopa de España (Barcelona, 2007)

Javier Pedro Saviola, nacido el 11 de diciembre de 1981 en la provincia de Buenos Aires, es llamado a menudo un centrodelantero "bonsái", pues apenas mide 1,68 metros de altura y pesa 60 kilogramos de peso.

Con una larga trayectoria que comenzó precozmente en 1998 y en el club de sus amores, River Plate, el Pibe, como es llamado por la afición argentina, suple su falta de estatura y físico con una velocidad increíble cuya característica es la aceleración en carrera; Saviola asemeja un automóvil que tuviera una marcha extra. Es un goleador nato, instintivo, carente de todo temor de cara a la portería.

En Europa ha marcado más de cien goles, lo que no le ha servido de todos modos para ser lo suficientemente valorado por las autoridades del Barcelona, que lo han relegado a segundo plano. El conflicto es económico y ni siquiera con el jugador, sino más bien con sus representantes, que pretenden la renovación de contrato a cifras exorbitantes que conspiran contra la nueva y saneada política del club.

Javier resuelve sus problemas a base de goles y cuando Frank Rijkaard se quedó sin Samuel Etoó a causa de una lesión y Ronaldinho no pegaba una, Saviola se hizo cargo de la delantera azulgrana.

En junio debe definir su futuro y el Barcelona lo quiere aunque pagándole menos de los cuatro millones de euros que gana por año. También lo pretenden la Juventus y varios clubes de España. Todo indica que el corazoncito de Saviola tiene inclinaciones catalanas. ●

SERGINHO

Sergio Claudio Dos Santos, Serginho, nacido el 27 de junio de 1971 en Nilópolis, cumplirá 35 años cuando se agite el mercado a mediados de año. Aunque es uno de los jugadores más queridos en la escuadra *rossonera* (de hecho, es uno de los futbolistas más apreciados por el mismísimo Silvio Berlusconi), parece que no pasará el cedazo y tendrá que regresar a su país de origen.

Serginho es un lateral izquierdo con mejor proyección ofensiva que marca. El Milan lo utiliza más de carrilero que de lateral. Zurdo, hábil y veloz, desborda por su sector y manda centros muy peligrosos, que la mayoría de las veces son asistencias de gol. Por su velocidad para pasar al ataque lo llaman Concorde.

De 1,81 metros de altura y 75 kilogramos de peso, fue intervenido quirúrgicamente y operado de la columna vertebral, a causa de una grave lesión de la que ya parece estar restablecido.

En la Selección ha sido opacado por Roberto Carlos y Ze María, una competencia muy fuerte que lo ha dejado afuera de la *canairinha*. Es cierto también que Serginho, a quien no le gusta el modo de trabajo que hay en las concentraciones brasileñas, ha rechazado unas cuantas veces la convocatoria al combinado de su país.

Preocupado por la violencia que ha inundado los estadios italianos, el futbolista ha dicho en una entrevista realizada por *La Gazzetta dello Sport* que "el fútbol es alegría, diversión. El mundo está lleno de rabia, ponerla también en el *calcio*, significa no entender nada de la vida."•

TRAYECTORIA 1992-1993 Itaperuna (Brasil) • 1994-Ene-Jul Bahía (Brasil) • 1994-Jul-Dic Flamengo (Brasil) • 1995 Cruzeiro (Brasil) • 1996-1999 San Pablo (Brasil) • 1999-2007 Milan (Italia) **PALMARÉS** 1 Copa América (1999, Selección de Brasil) • 1 Champion League europea (2003, Milan) • 2 Ligas de Italia (1999 y 2004, Milan) • 1 Copa de Italia (2003, Milan) • 1 Supercopa de Italia (2004, Milan) • 1 Campeonato del Estado de Bahía (1994, Bahía) • 1 Campeonato paulista (1998, San Pablo) • Finalista de la Champion League europea (2005, Milan).

SYLVINHO

TRAYECTORIA 1994-1999 Corinthians (Brasil) • 1999-2001 Arsenal (Inglaterra) • 2001-2004 Celta de Vigo (España) • 2004-2007 Barcelona (España)
PALMARÉS 1 Liga de Campeones de Europa (2006, Barcelona) • 2 Ligas de España (2005 y 2006, Barcelona) • 1 Liga de Brasil (1998, Corinthians) • 1 Supercopa de España (2006, Barcelona) • 1 Copa de Brasil (1995, Corinthians) • 3 Ligas Paulistas (1995, 1997 y 1999, Corinthians) • Finalista de la Copa UEFA (2000, Arsenal)

Silvio Méndes Campos Junior, Sylvinho, nacido el 12 de abril de 1974 en San Pablo, no teje suéteres como Penélope mientras espera a que Rijkaard lo convoque. La paciencia infinita del brasileño alcanza sin embargo para jugarle un cara a cara a la fiel prometida de Odiseo.

"Hay que tener paciencia, porque siempre te llega la oportunidad de jugar", le contó al periódico *El País* este lateral zurdo de gran manejo y aplicación para la marca cuya mejor virtud es la regularidad.

"Cuando salí de Vigo para venir al Barsa, aposté por mí mismo, de la misma manera que otros apuestan por un club determinado o por ciertas personas. Creí y creo que puedo jugar en el Barsa. Mientras tenga aliento, lo daré todo, pero cuando vea que físicamente no estoy bien, seré el primero en irme", señaló también en la entrevista mencionada.

Con 1,73 metros de altura y 67 kilogramos de peso, se ha recuperado recientemente de una grave lesión y ha rezado para que su Dios (es un Atleta de Cristo) lo devuelva en forma a los terrenos de juego. Mientras eso sucede, Sylvinho no teje, más bien escucha música gospel.•

SINHA

Antonio Naelson Matías, Sinha, un centrocampista habilidoso y creativo en la zona de ataque, nació el 23 de mayo de 1976 en Río Grande do Norte, sitio donde aprendió a disfrutar del CSI Futebol Clube, equipo del que es aficionado.

Cuando le preguntan cuál es el uniforme que más le gusta, él responde sin dudar: "El del equipo de mi pueblo: rojo, azul y blanco", que también es una velada manera de zanjar la polémica que en torno a su convocatoria a la Selección Mexicana alimentaron los medios opositores al técnico Ricardo Lavolpe durante el Mundial de Alemania.

Jugador diminuto de 1,63 metros de altura y 66 kilogramos de peso, obtuvo la carta de naturalización mexicana en el 2001, más o menos la época en que empezó en el Toluca, escuadra con la que hoy se siente sumamente identificado y con la que llegó a conformar un trío de temor junto al paraguayo José Cardozo y el uruguayo Vicente Sánchez.

Portó la camiseta tricolor en los Juegos Olímpicos de Atenas 2004 y en la Copa del Mundo jugó en los cuatro partidos que disputó México, pero solo en uno fue titular: ante Angola. Contra los iraníes entró en el campo para el segundo tiempo y anotó el tercer gol del Tri con el que selló la única victoria en la competencia.

Con un excelente manejo de pelota, un carácter afable y una actitud solidaria frente a sus compañeros, el paisaje del fútbol azteca no sería el mismo sin su presencia. Su apodo, Sinha (con ese) es el resultado de parecerse en la infancia al vecino, al menos así lo veía su padre. Admirador de Pelé y primo de Souza que jugó en la Selección Brasileña y juega en Rusia, Sinha empezó a jugar al fútbol para divertirse en el Deportivo do Valle de Ipanguaçu y sigue haciéndolo, por lo mismo, en México. "El día que no me divierta jugando seguramente lo dejaré."•

TRAYECTORIA 1996-1997 Río Branco (Brasil) • 1997-1998 América de Río de Janeiro (Brasil) • 1998-Jun-Dic Saltillos (México) • 1999-En-Jun Monterrey (México) • 1999-2007 Toluca (México) **PALMARÉS** 3 Ligas de México (Clausura 2000, Apertura 2002 y Apertura 2005, Toluca) • 2 Campeón de Campeones de México (2003 y 2005, Toluca) • 1 Copa de la Concacaf (2002, Toluca)

SOLARI

Santiago Solari, rosarino nacido el 7 de octubre de 1976, es un centrocampista carrilero por izquierda, dueño de un físico privilegiado de 1,85 metros de altura y 75 kilogramos de peso y que despliega en la cancha criterio y habilidad en cantidades símiles.

No ha tenido suerte, sin embargo, para ser un *crack* sin cuestionamientos, heredero como es de una familia de futbolistas muy arraigados en la historia de su país natal. El argentino, que suele ponerse nervioso cuando escucha la palabra "galáctico" — "solo nos hizo mal. Identificaba solo a tres o cuatro jugadores y ni siquiera a ellos les gustaba, lo puedo asegurar", aseguró—, vive un segundo aire en el Internazionale de Milán, equipo que de la mano del joven Roberto Mancini transita una ruta segura a la obtención del scudetto.

El Indiecito, tal como lo llaman en homenaje a su tío, el Indio Solari, nació delantero, pero con el tiempo fue retrocediendo en el campo, sin perder poder ofensivo. En el Real Madrid de Florentino Pérez (Solari jugó en el periodo 2000-2005) era el reemplazante natural de Roberto Carlos.

Se lleva muy bien con el entrenador de la Selección Argentina, Alfio Coco Basile; en una encuesta reciente que preguntaba a los aficionados albicelestes si querían que volviera Santi al primer combinado nacional, el resultado fue positivo en casi un sesenta por ciento.

Fuera de la cancha, Solari lo ha ganado todo: es guapo, inteligente, lee *El Quijote*, novelas en inglés, escucha a Piazzolla y a Chopin, no tiene un Porsche y acaba de ser padre de un niño llamado Teo.

Con su buen disparo y su último jirón de juventud accederá al primer lugar del *calcio* con la casa *neriazzurra* y, quién sabe, tal vez regrese por la puerta grande a la Selección Argentina.•

■ SORÍN

Dicen que no hay demasiada táctica ni grandiosos gestos técnicos pero dicen que es el único instante donde se ven sonrisas, donde las mujeres salen de sus chozas y aplauden a sus hombres, a sus defensores. Y cuentan que cada gol se grita como si fuera el último, como si no existiera un mañana, escribió Juan Pablo Sorín contando un atardecer en Ritman, una de las tantas ficciones que regala periódicamente en su columna Confesiones desde la banda en www.mediapunta.es.

Escribe, sí. Y conduce programas de radio en los que pasa música de rock argentino. Y publica libros con gente muy famosa, para luego donar las regalías a instituciones que defienden los derechos de los niños.

Nacido en Buenos Aires el 5 de mayo de 1976 en Buenos Aires, de 1,71 metros de altura y 68 kilogramos de peso, el futbolista tiene un prestigio de hierro, muy bien ganado a lo largo de una intensa carrera profesional.

Lateral izquierdo de incansable vocación ofensiva, es un referente obligado de la Selección Argentina, con la que debutó el 14 de febrero de 1995.

Es un líder nato. Es zurdo, es defensor, centrocampista y cuando define, se convierte en un temible delantero.

Jugó en seis ligas diferentes (cuatro de Europa y dos de Sudamérica) y está luchando con el Hamburgo para mantener la primera categoría en Alemania.•

TRAYECTORIA 1994-1995 Argentinos Juniors (Argentina) • 1995-1996 Juventus (Italia) • 1996-2000 River Plate (Argentina) • 2000-2001 Cruzeiro (Brasil) • 2002-Ene-Jun Lazio (Italia) • 2002-2003 Barcelona (España) • 2003-2004 París Saint Germain (Francia) • 2004-2006 Villarreal (España) • 2006-2007 Hamburgo (Alemania) **PALMARÉS** 1 Campeón Mundial Sub 20 (1995, Selección Argentina) • 1 Champion League (1996, Juventus) • 1 Copa Libertadores de América (1996, River) • 1 Copa de Brasil (2000, Cruzeiro) • 4 Ligas de Argentina (Apertura 1996, 1997 y 1999 y Clausura 1997, River) • Finalista de la Copa Confederaciones (2005, Selección Argentina)

TRAYECTORIA
1997-2000 Olimpia
(Honduras) ● 2000-2007
Cágliari (Italia)
PALMARÉS 1 Liga
de Honduras (Olimpia,
1999) ● Mejor futbolista
extranjero de la Serie A
de Italia (2006, Cágliari)
● Máximo goleador anual
en la historia del Cágliari
(2006, con 22 goles)

SUAZO

No se sabe (¿o sí?, ¿acaso que suba más su cachet?) qué está esperando el presidente del Cagliari, Massimo Cellino, para vender a David Oscar Suazo —nacido el 5 de noviembre de 1978 en San Pedro Sula— por lo menos cinco veces más del precio a que lo compró.

Lo que sí se sabe es que este delantero hondureño de 1,82 metros de altura y 75 kilogramos de peso, tiene una gran potencia y un físico ideal para trabajar también en la defensa del balón.

Con gran capacidad goleadora y buen remate de media distancia, David pertenece a una familia de futbolistas; fue descubierto internacionalmente en el Mundial Sub 20 de Nigeria por el entrenador uruguayo Óscar Tabarez, quien lo recomendó al Cagliari, equipo que gracias a su rendimiento conservó la categoría en el exigente campeonato italiano.

Para que se entienda: en la escuadra del legendario Gigi Riva, Suazo llegó a hacer veintidos goles y romper el mismísimo récord de goleo del héroe de la institución.

Fue cuando empezaron a pelear por su pase. Se habló del Ájax, del Manchester United, del Sevilla y hasta del Real Madrid (pero esto último no le sorprendió a nadie.)

El Rey David, como lo llaman en Honduras, fue durante el tiempo en que crecieron esos rumores, literalmente un desaparecido para la prensa que busca desaforadamente una declaración.

El periódico hondureño *El Heraldo*, llegó a decir que "de David Suazo, ni siquiera la familia sabe algo."

En Italia, en tanto, se alzó con el premio al mejor jugador extranjero del calcio 2006.

· El nuevo director deportivo del Cagliari, Oreste Cinquini, manifestó que solo "podría cederlo bajo tortura y estamos dispuestos a grandes sacrificios para que continúe con nosotros. Suazo puede llegar a ser el símbolo del equipo y ser parte de su historia."●

TADDEI

TRAYECTORIA 1999-2002 Palmeiras (Brasil) • 2002-2005 Siena (Italia) • 2005-2007 Roma (Italia) **PALMARÉS** Finalista de la Copa Italia (2006, Roma)

Rodrigo Ferrante Taddei, nacido el 6 de marzo de 1980 en San Pablo, es hijo de inmigrantes italianos. Ha hecho el camino de vuelta con la magia en la mochila y un temple destinado a vencer en la tierra de sus padres. Él quiere ser *azzurro*, jugar en la Selección Italiana.

Centrocampista tan talentoso como feo (al menos así lo marca una encuesta por Internet que determinó que el brasileño "es más feo que Frankestein"), mide 1,77 metros de altura y pesa 69 kilogramos.

Jugador de la Roma, futbolista de Luciano Spalletti, no importa en las canchas cuánto se parezca a Brad Pitt. Los rasgos de su cara resultan intrascendentes cuando de su galera de mago saca la Aurelio, una jugada preciosista que le debe a la potencia de su pie izquierdo y que Taddei viene ensayando desde los 18 años.

La maniobra, que consiste en tomar un balón suelto al borde del área con el pie derecho, cambiarla inmediatamente al izquierdo y meter el gol, salió a relucir en el campo del Olympiacos. Taddei dice que la bautizó Aurelio, en homenaje a Aurelio Andreazzoli, el asistente del técnico Spalletti.

Centrocampista ofensivo convertido en delantero externo, que tiene habilidad, velocidad y mucho olfato para convertir goles, en el 2003 tuvo que luchar por su vida después de un grave accidente automovilístico en el que perdió la vida su hermano Leonardo.•

CARLOS TENORIO

arlos Vicente Tenorio, esmeraldeño nacido el 14 de mayo de 1979, es el ídolo en el desierto (allí lo llaman el Demoledor), máximo goleador de la liga qatarí con la que tiene contrato hasta el 2008.

Anotador también de la Selección Ecuatoriana, con 1,82 metros de altura y 79 kilogramos de peso, el jugador de Al Saad apodado el Súper-Teno, es un delantero veloz con un desarrollado olfato para el gol y con un carácter extrovertido que lo han hecho un jugador referencial para los más jóvenes, tanto en Qatar como en Ecuador.

No se sabe muy bien cómo se juega el fútbol en esos lares, pero la popularidad del Teno es inconmensurable desde aquel partido con Al Meather por la Copa Sheik, que su equipo ganó por 21 goles a 0, de los cuales 10 fueron anotados por nuestro muchacho. Ni qué decir que gracias a este fornido moreno, Al Saad se quedó con el título de la liga, gloria que Tenorio ya había experimentado cuando su Liga Deportiva Universitaria ganó el torneo ecuatoriano en el 2003.

En el fútbol árabe "es el asesino del área, no solo hizo 22 goles, sino que los hizo en los partidos más importantes, y aparte salvó por lo menos 10 en nuestra zona", reveló el preparador físico Alejandro Valenzuela, que lo acompaña en Qatar.•

TRAYECTORIA 2000-2003 Liga Deportiva Universitaria (Ecuador) • 2003-2004 Al Nassr (Qatar) • 2004-2007 Al Saad (Qatar) **PALMARÉS** 1 Liga de Ecuador (2002, Liga Deportiva Universitaria) • 1 Liga de Qatar (2004, Al Saad) • En la selección desde el 2001, juega su segundo Mundial.

EDWIN TENORIO

TRAYECTORIA 1995-2001, Aucas (Ecuador) • 2002-2007, Barcelona (Ecuador) **PALMARÉS** Jugó 72 partidos en la Selección de Ecuador • 2 Campeonatos Mundiales (2002 y 2006) • 2 Copas América (2001 y 2004)

Edwin Rolando Tenorio nació el 16 de junio de 1976 en Esmeraldas, tierra de grandes futbolistas.

Con 1,72 metros de altura y 64 kilogramos de peso, por una lesión de rodilla no pudo concretar su primera temporada en el fútbol internacional, contratado como estaba para participar en la liga de Qatar.

La circunstancia no le impidió de todos modos seguir siendo considerado uno de los futbolistas más importantes que haya surgido en los últimos tiempos de Ecuador.

Edwin Tenorio, que en los tiempos libres trabaja para una ONG que lucha por preservar el medio ambiente en su ciudad natal, es definido por sus compañeros del club ecuatoriano Barcelona, como "el más duro entre los duros."

"El que conozca de fútbol internacional comprobará que siempre se juega con mucha intensidad y también con limpieza. No soy tan duro como se piensa en mi país", declaró a la página de la FIFA.

Centrocampista de marca, de los que "raspan" y que siempre está bien ubicado, cumplió 30 años durante el Mundial de Alemania. Lo celebró con una tarta que le trajeron sus compañeros al final de la concentración en Bad Kissingen.

Elemento estratégico imprescindible para el esquema de juego del colombiano Luis Fernando Suárez en la Selección Ecuatoriana, Tenorio no ha ganado aún un torneo de importancia, por lo que vive la inminencia de la Copa América en Venezuela con una ansiedad rayana en la desesperación.•

TÉVEZ

TRAYECTORIA 2001-2004, Boca Juniors (Argentina) ● 2005-2007 Corinthians (Brasil) ● 2007-Ene-Jun West Ham (Inglaterra)
PALMARÉS Copa Intercontinental (2003, Boca) ● Medalla de Oro Juegos Olímpicos Atenas (2004, Selección Argentina) ● Copa Libertadores de América (2003, Boca) ● Copa Sudamericana (2004, Boca) ● Liga Argentina (2003, Boca) ● Liga Brasileña "*Brasileirao*" (2005, Corinthians) ● 3 veces Balón de Oro de América del diario *El País* (2003, 2004 y 2005) ● Balón de Oro de Brasil, revista *Placar* (2005) ● Finalista Copa Confederaciones (2005, Selección Argentina) ● Finalista Copa América (2004, Selección Argentina)

Carlos Alberto Tévez, nacido el 5 de febrero de 1984 en la provincia de Buenos Aires, pasó de ser uno de los mejores jugadores argentinos del mundo, a un casi anónimo del opaco West Ham, en la Liga Premiere. Todo eso en menos de una temporada de juego.

El delantero, ídolo de la hinchada del Boca Juniors, de 1,73 metros de altura y 74 kilogramos de peso, atraviesa ahora uno de los peores momentos de su carrera, a causa de una depresión que lo mantiene solo y sin un futuro avistable en lo inmediato.

Javier Mascherano, su gran compañero de aventuras en el Corinthians, acaba de dejarlo para partir rumbo al Liverpool.

Carlos Tévez, nacido en un barrio marginal de la provincia de Buenos Aires, es un delantero de gran potencia, que puede jugar tanto por afuera como dentro del área, a pesar de no ser muy alto. Desde la pobreza de su Fuerte Apache natal que le valió su apodo, hasta los veintidós millones de dólares que pagó un grupo empresario para llevarlo al Corinthians y después a Inglaterra, Carlitos siempre fue el mismo: un chico auténtico con una niñez muy dura que encontró en su habilidad con la pelota la forma de darle una vida mejor a toda su familia (cualquier comparación con Maradona es pura coincidencia.)

Ahora, según parece, seguirá su carrera en el fútbol italiano.●

TORRADO

Gerardo Torrado, a quien el gran relator Luis Omar Tapia llamó Ricitos de Oro, nació el 30 de abril de 1979 en el Distrito Federal.

Símbolo del creciente fútbol mexicano, no han sido sus rulos ni su cabello rubio lo que más ha destacado desde que empezó a ser conocido mediante los Pumas de la UNAM, equipo con el que debutó el torneo de invierno 1997.

Con 1,76 metros de altura y 81 kilogramos de peso, Torrado es el ejemplo del jugador batallador que nunca da por perdida ninguna pelota. Centrocampista central con marca y talento para la distribución, hizo muy buena carrera en España, donde estuvo cinco años.

Ahora ha regresado a su país natal para jugar en el Cruz Azul y desplegar su gran habilidad en la recuperación de balones en ese puesto, un tanto ingrato, que en el fútbol se llama "medio creativo."

La afición mexicana nunca ve con buenos ojos a los futbolistas que regresan luego de una experiencia en el extranjero, por lo que Gerardo se las verá difíciles para reconquistar el cariño del público azteca.

A pesar de que no se lleva demasiado bien con Hugo Sánchez, fue convocado para un partido amistoso con Venezuela, por lo que su sitio en la Selección Mexicana todavía sigue disponible para él.●

TRAYECTORIA 1997-2000 Pumas de la UNAM (México) ● 2000-2001 Tenerife (España) ● 2001-Jun-Dic- Polideportivo de El Ejido (España) ● 2002 Pumas de la UNAM (México) ● 2002-2004 Sevilla (España) ● 2004-2005 Rácing de Santander (España) ● 2005-2007 Cruz Azul (México) **PALMARÉS** 1 Copa de Oro de la Concacaf (1999, Selección de México) ● 1 Copa Carlsber de Hong Kong (1999, Selección México) ● Finalista de la Copa América (2001, Selección México)

VALENCIA

TRAYECTORIA 2002-2005 El Nacional (Ecuador) •
2005-Jun-Sep Villarreal (España) • 2005-Sep-Dic El Nacional
(Ecuador) • 2006-En-Jun Recreativo de Huelva (España) •
2006-2007 Wigan Athletic (Inglaterra)
PALMARÉS 1 Liga de Segunda División en España
(Recreativo de Huelva, 2006) • Balón de Plata al segundo
mejor juvenil del Mundial (Selección de Ecuador, 2006) •
**Debut en la selección: 26-04-04 en Fort Lauderlie:
Ecuador 1 – Honduras 1.**

Luis Antonio Valencia Mosquera, nacido en Sucumbios el 4 de agosto de 1985, fue uno de los jugadores más valiosos de la Selección Ecuatoriana que tan buen papel hizo en Alemania 2006.

La famosa encuesta de la FIFA al final del Mundial para determinar quién había sido el joven más destacado en el torneo, le dio la mayoría de votos, aunque el trofeo quedó en manos del alemán Luka Podolski, que tenía más tantos al final. Por un tiempo, su lugar en la consulta, fue casi una cuestión de Estado para los medios ecuatorianos que instaban al respetable a emitir su voto a favor del futbolista.

Lo cierto es que más allá de galardones, Valencia es un centrocampista de 1,79 metros de altura y 78 kilogramos de peso que combina velocidad con técnica depurada, que puede tanto jugar por ambas bandas como de enganche.

Su periplo internacional acaba de comenzar y su futuro es más que promisorio. Pedido por Manuel Pellegrini llegó al Villarreal donde jugó solo dos partidos, para ser cedido primero de vuelta a El Nacional y después al Recreativo de Huelva, donde logró el ascenso a Primera División. Ahora juega en el Wigan de Inglaterra.

De origen humilde, la casa familiar de Valencia quedaba enfrente del estadio Luis Vernaza, donde el niño se iba para encontrarse con la pelota, su mejor amiga por entonces. A los 5 años, Luis ya sabía que quería ser jugador profesional de fútbol

Le dicen Tony y los que lo quieren y conocen destacan su disciplina, su tenacidad, cualidades con las que pudo realizar su sueño, no sin pasar serias dificultades económicas en el camino. Velocidad y despliegue físico en la cancha. Seguridad en sí mismo y un sentido del deber envidiable fuera del campo. Lo mejor está por venir para el joven ecuatoriano.•

TRAYECTORIA 2002-2004 Universitario (Perú) •
2004-2006 Colón (Argentina) • 2006-2007 Catania (Italia)
PALMARÉS Finalista de la Liga Peruana (2002, Universitario)

VARGAS

Juan Manuel Vargas, nacido el 5 de octubre de 1983 en Lima, es uno de los mejores futbolistas en la reciente historia del Perú, la reserva que el país latinoamericano tiene para resurgir en los puestos de liderazgo continental.

Su posición natural es la de volante por izquierda, posee una garra inusitada para la práctica del balompié, al tiempo que ostenta una técnica depurada que le ha permitido protagonizar una interesante carrera internacional.

Con 1,82 metros de altura y 77 kilogramos de peso, es un jugador importante para el Seleccionado peruano, que no tiene a muchos futbolistas para cubrir su puesto.

Fanático de las computadoras, estudioso del idioma inglés, es un gran admirador de Roberto Carlos.

Le dicen Chuqui o el Loco. Fue a Argentina por recomendación del Chemo Del Solar, que junto a Juan Pizzi dirigían a Colón y después de dos años de buenas actuaciones fue transferido a Italia, donde fue bautizado como el Maldini Peruano".

En un contrato millonario del que se benefició el club Colón de Santa Fe, Vargas llegó a Catania después de que se frustrara su traspaso al Portsmouth de Inglaterra, equipo en el que también pasó los controles médicos e incluso llegó a entrenarse.

En la presentación del jugador, el administrador y delegado de la institución italiana, Pietro Lo Monaco, declaró que el peruano "pese a su juventud, (22 años) es un jugador con experiencia, fuertemente atlético, técnico, bravo y, sin duda, tiene las mismas cualidades que el veterano zaguero del Milan, Maldini, quien era uno de los mejores defensas de nuestro país."•

ZANETTI

Javier Adelmar Zanetti, nacido el 10 de agosto de 1973 en Buenos Aires, está acostumbrado a ser líder. Lo es sin ninguna dudas del flamante campeón del *calcio*, el Internazionale de Milán, la escuadra en la que milita desde el año 1995 y donde lleva la banda de capitán. También es un símbolo de la Selección Argentina, aunque este lugar estuvo puesto en cuestionamiento por el ex entrenador José Pekerman, quien no lo convocó para el Mundial de Alemania 2006, en una medida que causó sorpresa entre la azorada hinchada albiceleste.

Con 1,78 metros de altura y 73 kilogramos de peso, Javier es un lateral por derecha o centrocampista carrilero por el mismo sector (aunque alguna vez jugó por izquierda) con gran manejo y una capacidad aeróbica notable que lo hace llegar a posiciones ofensivas con mucha facilidad. Su jugada característica es la apilada, basada en habilidad, fuerza y desborde por atrás. Le dicen tractor, debido a la rapidez y potencia de sus piernas

Su solidaridad también lo ha hecho famoso toda vez que la conocida Fundación Pupi (su apodo de infancia), atiende a más de cien chicos del sur de la provincia de Buenos Aires.

Lo que pocos saben de su biografía es que cuando tenía 13 años lo echaron de la Novena División del Club Independiente, porque tenía un físico escuálido. Hizo, como Messi, un tratamiento para la médula del crecimiento y se convirtió en el jugador que hoy conocemos.

Ya quedó en el olvido su ausencia en el Mundial y es casi seguro que el regreso facilitado por el Coco Basile durará hasta Sudáfrica 2010.

Al fin y al cabo, como ha dicho Zanetti, "yo estuve afuera del equipo de Pekerman, jamás estuve afuera de la selección argentina."•

TRAYECTORIA 1993-1995 Banfield (Argentina) • 1995-2007 Inter. (Italia) **PALMARÉS** 1995 Torneo Panamericano de Mar del Plata (Selección Olímpica Argentina) • 1998 Copa UEFA (Inter.) • 2005 Copa de Italia (Inter.) • 2006 Liga de Italia (Inter) • 2000 Finalista de la Copa de Italia (Inter)

« No me voy a
cansar de decir que
Ronaldinho es el
mejor del mundo y
por eso no entiendo
las críticas hacia él »

LIONEL MESSI

RONALDINHO

CAMBIASSO

« El único placer de esta tarde fue
descubrir que, gracias a mí, los italianos
de Milán dejaron de ser racistas: hoy, por
primera vez, apoyaron a los africanos. **»**

DIEGO ARMANDO MARADONA (DESPUÉS DEL 0-1 ANTE CAMERÚN EN EL MUNDIAL '90)

>> ¿Galácticos? ¡Ah, esa palabra! No
tenía nada que ver con el fútbol, sino
con otras cosas: mercadotecnia,
glamour, la idea de ser los mejores sin
siquiera haber entrado aún en el campo. >>

SANTIAGO SOLARI

« No, no es
Maradona, es Messi.
Muy buen jugador,
zurdo, hábil, potente,
juega en el Barcelona
y es argentino. Pero no
es Maradona, es Messi

CÉSAR LUIS MENOT

«Acaso valga la pena intentar definir de qué se trata, qué hace este Andrea Staccioli. Parece simple, pero no es así.»

JUAN SASTURÁIN (EN *EN EL NOMBRE DEL FÚTBOL*)

BURDISSO

KAKÁ

« Por suerte todavía aparece en las canchas, aunque sea muy de vez en cuando, algún descarado carasucia que sale del libreto y comete el disparate de gambetear a todo el equipo rival, y al juez, y al público de las tribunas, por el puro goce del cuerpo que se lanza a la prohibida aventura de la libertad. »

ÁLVAREZ

« Aunque las biografías de los futbolistas nunca son tan tristes como las de las patinadoras en hielo o las bailarinas rusas, hay que haber sufrido lo suficiente para tener ganas de patear el ángulo. **»**

JUAN VILLORO (EN *DIOS ES REDONDO*)

«Nos gusta el fútbol, como a Albert Camus, Peter Handke, Rafael Alberti, Elías Querejeta o Eduardo Chillida. Nos gusta aunque nunca hayamos jugado, aunque nos parezca excesivo tener que ir al campo, hacer esas colas y soportar esas hinchadas que se convierten en fanáticas y excesivas en sus gritos por la pequeña aventura, por el azar y el destino de un objeto, de un pequeño objeto de cuero.»

JAVIER RIOYO (ESCRITOR.)

MANCINI

MANCINI

« Quizá llegue el día en el que sepamos todos con certeza si hay vida después de la muerte, pero por ahora parece difícil que se resuelva la cuestión. En el universo del fútbol, en cambio, sabemos de manera científica que sí la hay. »

ENRIC GONZÁLEZ (PERIODISTA.)

RONALDO

« Sobre todo cuando la fotografía tiene arte en el que las hace, como esta colección de Andrea Staccioli, porque encuentran el momento exacto que se pierde desde la memoria porque esta no la puede resguardar. **»**

CÉSAR LUIS MENOTTI

(EN *EN EL NOMBRE DEL FÚTBOL*)

« Los jugadores de clase hacen que sus escuadras se muevan como sistemas planetarios, en torno a un astro definido. Si fallan, sobreviene el eclipse. »

JUAN VILLORO (EN *DIOS ES REDONDO*)

RONALDINHO

El problema con los árbitros
es que conocen las reglas,
pero no conocen el juego.

WILLIAM SHANKLY (ENTRENADOR DE FÚTBOL INGLÉS)

≪El Internazionale de Milán obtuvo su último *scudetto* (no es elegante contar el título administrativo de 2006) en 1989, el año en que cayó el Muro y acabó una era. El anterior lo ganó en 1980, el año en que Silvio Berlusconi creó, de forma poco legal pero rentabilísima, la primera televisión privada italiana, dando inicio a lo que todos sabemos. Habrá que ver qué catástrofe ocurre en 2007 si, como parece, el *scudetto* se cose otra vez sobre el frontal de las camisetas negras y azules.≫

ENRIC GONZÁLEZ (PERIODISTA.)

CRESPO

«Es posible que el fútbol represente la última frontera legítima de la intransigencia emocional, rebasarla significa traicionar la infancia, negar al niño que entendió que los héroes se visten de blanco o de azulgrana.»

JUAN VILLORO (EN DIOS ES REDONDO)

FESTEJO BARCELONA

«Como decimos en México, no sabemos "cómo le hace", pero Staccioli cuenta cosas que no hubiéramos sabido a no ser por sus fotografías. Su trabajo narra una verdad que en otro contexto resultaría inverosímil.»

MÓNICA MARISTAIN (EN *EN EL NOMBRE DEL FÚTBOL*)

TADDEI

 «Nací para el fútbol como Beethoven para la música.»

Pelé

《 Contento por mi debut, lo hice bien y
por suerte pude lesionar a Francescoli. 》

EL JUGADOR CHILENO LUIS CHAVARRIA
(EN SU ESTRENO EN LA SELECCIÓN PARA LAS ELIMINATORIAS DE FRANCIA '98)

<< Ojalá juegue un gran torneo en Alemania y salga campeón. >>

JUAN ROMÁN RIQUELME

ZANETTI

«Los jugadores no saben que están posando para Andrea Staccioli. Ellos simplemente están tratando de resolver una acción de juego y no armando una escena redonda, con profundo sentido del equilibrio y la estética, un cuadrito, una pinturita. Los jugadores hacen lo que tienen que hacer: juegan. Andrea Staccioli, también. »

JUAN JOSÉ PANNO (EN *EN EL NOMBRE DEL FÚTBOL*)

« Los enemigos
del fútbol son
tres: el árbitro
y los líneas. »

ANÓNIMO

《 Me encanta ver
jugar a la Argentina.》

RONALDINHO

<< Un jugador tiene pocos amigos, porque
en el fútbol no existe la amistad verdadera.
Prima el interés personal aunque haya
algunos que te caigan mejor que otros. >>

ROMARIO

≪ Si perdemos con Estudiantes no voy a seguir dirigiendo a un equipo al que todos daban por campeón. No tengo dudas sobre lo que digo. Lo que manifiesto lo cumplo. ≫

RICARDO LAVOLPE (EX DT DE BOCA JUNIORS Y DE LA SELECCIÓN MEXICANA)

KAKÁ

Basta con detener caprichosa y artísticamente
un movimiento, un gesto, para recrear el
maravilloso mundo del fútbol. ¿Esas manos
en el aire quieren gritar gol o quieren alcanzar
el misterio del fútbol?. Cada foto de Andrea
Staccioli es un manojo de preguntas. »

JORGE VALDANO (EN *EN EL NOMBRE DEL FÚTBOL*)

TADDEI

«No es cierto que anduviéramos por ahí corriendo mujeres. Nosotros no las corríamos: ellas se dejaban agarrar.»

Adolfo Pedernera (Crack de los 40)

«Cuando juega Uruguay corren tres millones / Corren las agujas, corre el corazón / Corre el mundo y gira el balón / Corre el pingo de la ilusión / Como un augurio de aquella canción / Vamo' (uruguayos campeones de América y del Mundo) / Vamo' hacha y tiza y mostrador / Vamo' que la historia está cantando / Con el ritmo de La Teja / Con la fuerza de La Unión.»

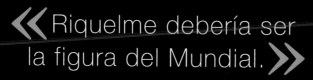

«Riquelme debería ser
la figura del Mundial.»

José Pekerman

LEDESMA Y VANNUCCHI

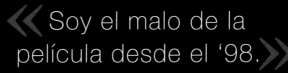

« Soy el malo de la película desde el '98. »

Juan Sebastián Verón
(Refiriéndose a su exclusión del seleccionado argentino)

VALDÉZ Y FELIPE

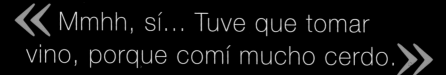

«Mmhh, sí... Tuve que tomar
vino, porque comí mucho cerdo.»

PEDRO GONZÁLEZ (EXPLICÓ EL DELANTERO CHILENO DESPUÉS

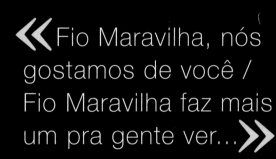

«Fio Maravilha, nós gostamos de você / Fio Maravilha faz mais um pra gente ver...»

Jorge Ben Jor (músico brasileño)

ÍNDICE